MARLIS WEBER

VOLLKORNBACKBUCH

EINFACH KÖSTLICH MIT SCHROT UND KORN

HÄDECKE

2. Auflage

ISBN 3-7750-0242-1

© Walter Hädecke Verlag 1993

Fotos: Edith Gerlach, Frankfurt/Main

Einbandentwurf: Monika Graff nach einem Foto von Edith Gerlach

neuform Koch-Studio: Seite 15, 22, 39, 40, 41, 46, 51, 55, 56, 62, 71, 74, 78, 81, 84

Satz: IBV Satz- und Datentechnik GmbH, Berlin

Druck: Neue Stalling Oldenburg, 1995

Printed in Germany

INHALT

ABKÜRZUNGEN UND MENGEN

BACKFORMEN

EL	Eßlöffel
TL	Teelöffel
Msp.	Messerspitze
l	Liter
ml	Milliliter
g	Gramm
kg	Kilogramm
Pck.	Päckchen
Ø	Durchmesser
BE	Broteinheiten
	entspricht 12 g Kohlenhydrate
	(Rechenwert für Diabetiker)
KH	Kohlenhydrate
F.i.Tr.	Fett in der Trockenmasse (Angabe
	des Fettgehalts von Käse)

Springform	Ø 26 cm
Tarte-Form (aus Glas	
oder feuerfestem Porzellan)	Ø 24 cm
Guglhupfform	Ø 20 cm
Kastenform/Rehrückenform	35 cm
Obstkuchenform	Ø 25 cm

1 Pck. Trockenhefe	7 g
	= 25 g Frischhefe
1 Würfel Hefe	42 g
1 TL Backpulver	ca. 5 g
1 EL Backpulver	ca. 13 g
1 EL Mehl/Speisestärke	ca. 20 g
1 TL Salz	ca. 7 g
1 EL Sonnenblumenkerne	ca. 10 g
1 TL Honig	ca. 15 g
1 EL Honig	ca. 20–25 g
1 EL Butter/Margarine	ca. 12–15 g
1 EL saure Sahne	ca. ca. 20–25 g
1 Eigelb	ca. 20–25 g
1 Eiweiß	30–40 g
6 EL Flüssigkeit	1/10 l = 1 dl = 100 ml
8 EL Flüssigkeit	1 Tasse = 1/8 l
	= 125 ml

Für 1/2 l Flüssigkeit

6 Blatt Gelatine oder
1 Pck. gemahlene Gelatine oder
1 TL (knapp) Agar-Agar oder Biobin

SELBERBACKEN MACHT SPASS

Selberbacken macht Spaß! Von der Familie ernten Sie beispielsweise Beifall für Ihre Vollkornpizza, als Gastgeber oder Gastgeberin sind Sie um Nasenlängen voraus, wenn Sie frische Vollkornbrötchen oder ein duftendes Walnußbrot servieren. Als Mitbringsel sind frischgemachtes Käsegebäck, ein duftender Kuchen oder hübsch verpackte Vollkornweihnachtsplätzchen immer willkommen.

Selberbacken mit Vollkorn hat außerdem folgende Vorteile:
1. Sie können die Zutaten, die Sie verwenden wollen, **selber bestimmen:**
   o Getreide aus biologischem Anbau
   o gut gereinigte saubere Körner
   o wirklich frisch gemahlenes Mehl
   o keine Konservierungsmittel
   o keine Backhilfsmittel, keine Farbstoffe.

2. Alle Gebäckarten haben dadurch den **vollen Wert** des ganzen Korns.
   o Sie sind ballaststoffreich und enthalten viele Vitamine und Mineralstoffe.
   o Brot, Brötchen, Kuchen oder Kleingebäck haben einen ausdrucksvollen kernigen Geschmack, haben Biß und machen lange satt.

3. Sie können beim Würzen ganz nach Lust und persönlichem Geschmack variieren und Salz oder Zucker einsparen bzw. ganz vermeiden. Nehmen Sie beispielsweise für pikante Brote und Brötchen:
   o frische Kräuter
   o Gewürze wie Anis, Fenchel, Kümmel usw.
   o Samen (Sesam, Mohn) und Nüsse
   o Zwiebeln und Knoblauch.

Und für süßes Gebäck empfehle ich anstelle von raffiniertem Haushaltszucker:

o Trockenfrüchte
o Honig, Rohzucker (es ist stets naturbelassener Rohr- oder Rübenzucker gemeint)
o Ahorn- oder Rübensirup.

4. Man kommt auf den Geschmack und kann schon bald mit etwas Übung eigene Kreationen backen.

Wenn Sie sich an die Rezeptvorgaben halten, müßte eigentlich jedes Rezept gelingen, denn alle sind vielfach im Haushalt erprobt. Geben Sie bitte nicht auf, wenn am Anfang trotzdem einmal etwas schiefgeht, und probieren Sie es einfach ein zweites Mal. Dann wird das Gebäck bestimmt gelingen.

Viel Vergnügen beim Backen mit Vollkorn!
Ihre Marlis Weber

KLEINE MEHLKUNDE

Der **Ausmahlungsgrad** bezeichnet den Gewichtsanteil des beim Vermahlen von Getreidekörnern anfallenden Mehls in Prozent des Getreideausgangsgewichts.

Vollkornmehl/-schrot entspricht einem Ausmahlungsgrad von 100%. Fällt jedoch beispielsweise nur etwa die Hälfte des Getreidegewichtes an, so beträgt der Ausmahlungsgrad 50%.

Die **Mehltypen** geben den mittleren Mineralstoffgehalt in mg pro 100 g Mehl (Trockensubstanz nach der Veraschung – deshalb auch Aschezahl) an.

Die Mehltype 405 gibt also einen mittleren Mineralstoffgehalt von 405 mg pro 100 g Mehl Trockensubstanz an.

Die Mehltypen stehen in Beziehung zum Ausmahlungsgrad. Je höher der Ausmahlungsgrad, desto mehr mineralstoffreiche Randschichten des Korns enthält das Mehl. Die Typenzahl ist dann höher und das Mehl dunkler.

Fällt die gesamte Menge des Ausgangsgetreides als Mehl an, spricht man von hochausgemahlenem Mehl, dem Vollkornmehl. Im Gegensatz dazu sind Auszugs-, Fein- und Weißmehle niedrig ausgemahlene Erzeugnisse.

Links, Mehl Type 1050, Mitte Vollkornmehl, rechts Mehl Type 405.

DIE EIGENE GETREIDEMÜHLE

Elektrisch oder manuell?

Korn für Müslizubereitungen können Sie mit der Handmühle schroten. Um Mehl für Brot zu mahlen, ist ein größeres Gerät vorteilhaft. Man unterscheidet dabei zwischen

Naturstein- oder Stahlmahlwerken:

Die klassische Mühle arbeitet mit hochwertigen Naturmahlsteinen, z. B. Basalt, Lava. Daneben werden etwas preisgünstigere Maschinen mit Stahlmahlwerk und Mühlen mit Keramikmahlwerk angeboten.

Preise: Kleinere Mühlen gibt es für weniger als 300 DM/Fr., Elektromühlen mit Mahlsteinen bekommen Sie in guter Qualität zwischen 600 und 800 DM/Fr. Für sehr großen Mehlbedarf, z. B. wenn sich mehrere Haushalte zusammen eine Mühle anschaffen, für Schulen und Gastronomiebedarf gibt es größere und leistungsstärkere Modelle.

Was kann man mahlen?

Sie können alle Getreidesorten mit Ausnahme von Mais (geht nur in bestimmten Mühlen) mit elektrisch oder manuell betriebenen Mühlen mahlen.

Feuchtes Getreide oder fettreiche Saaten wie Leinsamen verstopfen die Mühle sofort.

Vor dem Kauf empfiehlt es sich, Mahlproben anzuschauen.

Schrot oder Mehl?

Durch Einstellen des gewünschten Feinheitsgrades können Sie Getreide grob, fein oder sehr fein schroten bis mahlen. Landläufig spricht man von Schrot, wenn grob gemahlen wurde, und von Mehl (Type 1700), wenn fein gemahlen wurde. Eine genaue Abgrenzung zwischen den Begriffen gibt es nicht.

Selbstgemahlenes Mehl und seine Verwendung

Das mit der eigenen Mühle gemahlene Mehl bietet den Vorteil der absoluten Frische und enthält somit noch alle Stoffe des vollen Korns.

Um ein gutes Backergebnis zu erzielen, sollte

o Das Getreide nicht zu frisch sein. Eine Bauernregel besagt, daß man ein brauchbares Mehl nur von Getreide erhält, das bis Weihnachten eingelagert wurde.

o Möglichst nicht auf Vorrat gemahlen werden.

Beim Backen von Brot und Brötchen mit Vollkorn sollten Sie folgendes beachten:

o Für die meisten Rezepturen ist die Art der Vermahlung des Mehls ausschlaggebend für das Gelingen. Je feiner das Mahlprodukt ist, um so besser sind die Quelleigenschaften, die Verarbeitung der Teige und die Backeigenschaften.

o Wenn Sie Vollkornmehl fertig kaufen oder es sich im Geschäft schroten lassen, ist es häufig zu grob. Es empfiehlt sich dann für manche Rezepturen, leicht auszusieben und das Ausgesiebte für Müsli oder andere Speisen zu verwenden.

o Wenn Sie eine eigene Mühle haben, können Sie den Feinheitsgrad selbst bestimmen.

o Wenn Sie mit Frisch- oder Trockenhefe arbeiten, dann sollten alle Zutaten zimmerwarm verwendet werden. Wird Trockenhefe verwendet, können alle Zutaten gleich miteinander vermischt werden.

o Kneten Sie die Teige solange, bis sie geschmeidig und elastisch sind und beachten Sie, daß für Vollkorn etwa $1/3$ mehr Flüssigkeit benötigt wird. Vollkornteige nehmen durch den Gehalt an Randschichten mehr Flüssigkeit auf als Weißmehlteige. Sie scheinen zu Beginn des Knetvorgangs oft klebrig, nehmen aber während des Gehens die Flüssigkeit noch auf. Vollkornteige brauchen nicht nur Zeit zum Gehen, sondern auch zum Quellen.

o Im Zweifelsfalle sollten Teige für Brot und Brötchen eher weich und niemals zu fest sein, sonst wird das Fertigprodukt zu hart. Wenn Ihnen Brotteig vor dem Gehen zu weich erscheint, geben Sie ihn lieber in eine Kastenform.

o Während des Backens (vor allem in Heißluftherden) sollte eine flache Schale mit Wasser in den Ofen geschoben oder öfter mit einem Wasserzerstäuber hineingesprüht werden. So wird die Kruste von Brot und Brötchen knusprig, ohne zu zerspringen.

o Mit etwas Erfahrung merkt man beim Klopfen, ob Brot oder Brötchen durchgebacken sind (es klingt dann hohl).

Vollkornbrot hält sich in einem durchlüfteten Steingutgefäß mehrere Tage; Brötchen schmecken länger frisch, wenn sie aus Vollkorn gebacken sind.

Sie können sowohl Brot, als auch Brötchen gut einfrieren.

Brote und Brötchen

Sauerteig

ca. 100 g Roggenschrot, mittelfein
1 TL gemahlener Kümmel
1 TL gemahlener Fenchel
1 EL Zucker
etwas lauwarme Buttermilch

Alle Zutaten zu einem dickflüssigen Brei verarbeiten und mit Mehl bestäuben, damit die Oberfläche nicht zu sehr austrocknet. Mit einem Tuch abdecken und an einen gleichmäßig warmen Platz stellen. Den Ansatz jeden Tag durcharbeiten, eventuell etwas lauwarmes Wasser zugeben. Die Säuerung dauert ca. drei Tage. Sauerteig kann im Kühlschrank für einige Zeit aufbewahrt (in einem Schraubglas oder in einer Tupperschüssel) und wiederverwendet werden.

Tip: Einfacher und zeitsparender ist die Verwendung eines Fertigsauerteiges (Fa. Hensel) oder Fertigtrockensauerteiges (Fa. Vitam), beides aus dem Reformhaus.

Schrotbrot mit Sauerteig

Grundrezept

400 g Weizenvollkornmehl
250 g Roggenschrot, grob
ca. 400 ml lauwarme Milch
1 Würfel Hefe (42 g)
1 TL Honig
1/2 Tasse Sauerteig
2 TL Meersalz
Zum Bestreichen: Milch
Zum Bestreuen: Sesam oder Mohn

Mehl und Schrot in eine Schüssel geben und in die Mitte eine Mulde drücken. Einen Teil der lauwarmen Milch mit Hefe und Honig verrühren und in die Mulde geben. Ca. 15 Minuten zugedeckt gehen lassen. Dann die restliche Milch, den Sauerteig und Meersalz zugeben und alles miteinander vermischen. Mit der Hand oder der elektrischen Küchenmaschine gut durchkneten. Zu einem Laib formen und ca. 60 Minuten gehen lassen. Mit Milch bestreichen und mit Sesam oder Mohn bestreuen.
Im vorgeheizten Backofen backen. Eine Tasse Wasser mit in den Backofen stellen.

> Elektroherd 220 Grad
> Gasherd Stufe 4
> Backzeit 50 bis 60 Minuten
> Einschubhöhe 2. Sch. von unten

Tip: Dieses **Grundrezept** kann je nach Geschmack mit Anis, Fenchel, Kümmel, Koriander, Knoblauch u. a. gewürzt werden.
Zum Bestreuen eignen sich u. a.: Vollkornflocken, grober Schrot, geschälte Sonnenblumenkerne.

◁ Schrotbrot mit Sauerteig, Rezept nebenstehend.

GRAHAMBROT

Knapp 1 Würfel Hefe (30 g)
1 TL Honig
ca. 300 ml lauwarmes Wasser
500 g Weizenvollkornmehl
3 TL Salz
1 EL Butter für den Teig
Zum Bestreichen: 1–2 EL Butter

Hefe in eine Tasse bröseln, mit Honig mischen und mit etwas lauwarmem Wasser verrühren. Einige Minuten stehen lassen. Inzwischen Mehl, Salz, das restliche Wasser und die Butter miteinander verkneten, dann die Hefelösung zugeben und alles zu einem glatten Teig verarbeiten.
Den Teig 40 bis 50 Minuten gehen lassen. Nochmals kurz durchkneten, einen Laib formen und sehr vorsichtig mit flüssiger Butter bestreichen. Wieder ca. 30 Minuten gehen lassen, dann im vorgeheizten Backofen backen.

> Elektroherd 220 Grad
> Gasherd Stufe 4
> Backzeit ca. 40 bis 50 Minuten
> Einschubhöhe 2. Sch. von unten

Tip: Um dem Brot einen seidigen Glanz zu geben, kann man es vor dem Abkühlen mit Milch bestreichen.

BUTTERMILCHBROT MIT HAFERFLOCKEN

500 g Weizenvollkornmehl
100 g Haferflocken, mittlere Struktur
ca. 350 ml Buttermilch
1 Würfel Hefe (42 g) oder 1 Pck. Trockenhefe
1 EL Honig
125 g Magerquark
2–3 TL Meersalz
etwas Fenchel und Anissamen, im Mörser zerstoßen
Zum Bestreuen: Haferflocken

Mehl und Haferflocken in eine Schüssel geben und in die Mitte eine Mulde drücken. Buttermilch erwärmen, einen Teil mit der Hefe und dem Honig verrühren und in die Mulde geben. Den Teig mit einem Handtuch abdecken und ca. 15 Minuten bei guter Zimmertemperatur gehen lassen.
Dann die restliche Buttermilch, Quark, Salz und die grob zerstoßenen Samen zugeben und alles miteinander verrühren. Gut durchkneten (mit der Hand oder mit der elektrischen Küchenmaschine) und nochmals ca. 30 Minuten gehen lassen.
Einen Laib formen, mit lauwarmem Wasser bestreichen und mit Haferflocken bestreuen.
Im vorgeheizten Backofen backen.

> Elektroherd 200 bis 220 Grad
> Gasherd Stufe 3–4
> Backzeit ca. 50 bis 60 Minuten
> Einschubhöhe 2. Sch. von unten

Buttermilchbrot mit Haferflocken, ▷
Rezept siehe oben, Brot mit Ganzkornweizen, Seite 14,
Baguette, Seite 15, Brötchen, Rezepte ab Seite 21.

BROT MIT GANZKORNWEIZEN

---

500 g Weizenvollkornmehl

---

1 Würfel Hefe (42 g) oder
1 Pck. Trockenhefe

---

1 TL Honig

300–400 ml Buttermilch

---

200 g ganzer Weizen (vorgequollen und
ca. 40 Minuten gekocht)

---

2 TL Meersalz

1/2 TL Koriander, gemahlen

Mehl in eine Schüssel geben, in die Mitte
eine Mulde drücken. Hefe zerbröseln, mit
einem Teelöffel Honig und etwas lauwarmer Milch verrühren und in die Mehlmulde
geben – oder das Mehl und die Hefe vermischen und mit Milch verrühren.
Ca. 15 Minuten bei Zimmertemperatur gehen lassen.
Dann den Weizen zugeben, ebenfalls die
restliche Milch und die Gewürze. Den Teig
sehr gut durchkneten, formen und ca. 30
Minuten gehen lassen.
Mit warmem Wasser bestreichen und im
vorgeheizten Backofen backen.

Elektroherd 200 Grad
Gasherd Stufe 3
Backzeit ca. 60 Minuten
Einschubhöhe 2. Sch. von unten

Tip: Der Teig sollte nicht zu fest sein. Deshalb empfiehlt es sich, dieses Brot in der
Kastenform zu backen.

SONNTAGS-FRÜHSTÜCKSBROT

---

500 g Weizenvollkornmehl

---

1 Pck. Trockenhefe

---

1 TL Honig

---

300 ml Milch

---

1 Prise Salz

---

1 Ei

---

50 g Butter

---

5 EL Honig

---

250 g Rosinen oder Weinbeeren

Zum Bestreichen: Milch und 1 Eigelb

Mehl in eine Schüssel geben, in die Mitte
eine Mulde drücken. Hefe mit Honig und einem Teil der lauwarmen Milch anrühren, in
der Mulde ca. 15 Minuten gehen lassen.
Mehl, Hefe, Honig und Milch miteinander
verrühren. Die übrigen Zutaten zugeben
und gut verkneten. Ca. 30 Minuten gehen
lassen, wieder durchkneten, einen Stollen
oder Brotlaib formen und auf einem gefetteten Backblech nochmals gehen lassen.
Mit verquirltem Eigelb bestreichen.
Im vorgeheizten Backofen backen.

Elektroherd 200 bis 220 Grad
Gasherd Stufe 3 bis 4
Backzeit ca. 50 Minuten
Einschubhöhe 2. Sch. von unten

Tip: Falls Sie dieses Rezept pikant abwan-
deln möchten, nehmen Sie statt Honig und
Rosinen
o Gemüse wie Paprika, Champignons,
  Zwiebeln (klein gewürfelt und kurz an-
  gedünstet)
o Deftiges wie Salami oder rohen Schinken
o Kräftig-aromatischen geriebenen Käse
o Frische oder getrocknete Kräuter

Zwiebel-Käse-Baguette

600 g Weizenvollkornmehl
1 Würfel Hefe (42 g)
350 ml lauwarme Milch
30 g Margarine
250 g Zwiebeln
4 EL Sonnenblumenkerne
150 g Käsewürfel
2 EL Schnittlauch, 2 TL Salz
1 EL schwarzer Pfeffer, frisch gemahlen
Zum Bestreichen: etwas Milch

Mehl in eine Schüssel geben, in die Mitte eine Mulde drücken. Hefe mit einem Teil der lauwarmen Milch verrühren und in der Mulde ca. 15 Minuten gehen lassen. Pflanzenmargarine erhitzen und die Zwiebelwürfel kurz anbraten. Abgekühlt mit den übrigen Zutaten zu dem Vorteig geben und alles gut durchkneten.
Ca. 30 Minuten gehen lassen.
Wieder durchkneten und zwei bis drei länglich schlanke Baguettes formen, nochmals 30 Minuten gehen lassen. Die Oberfläche einkerben und mit Milch bestreichen.
Im vorgeheizten Backofen backen.

> Elektroherd 200 Grad
> Gasherd Stufe 3
> Backzeit ca. 50 Minuten
> Einschubhöhe 2. Sch. von unten

PIKANTES FLADENBROT
5 Fladenbrote

250 g schwarze Oliven
1000 g Weizenvollkornmehl
2 Pck. Trockenhefe
2 TL Meersalz
1–2 TL Kräuter der Provence
5 zerdrückte Knoblauchzehen
700 ml lauwarme Milch
50 ml kaltgepreßtes Olivenöl

Die Oliven entsteinen, etwas zerkleinern und mit Mehl bestäuben.
Das Vollkornmehl mit Hefe, Meersalz, Kräutern der Provence, dem Knoblauch und der Milch verrühren und einen geschmeidigen Teig kneten.
Ca. 40 Minuten gehen lassen, dann nochmals durchkneten und dabei die Oliven einarbeiten.
Fünf Kugeln formen und mit dem Wellholz ausrollen. Nochmals ca. 15 Minuten gehen lassen.
Die Fladen mit Olivenöl bestreichen und im vorgeheizten Backofen backen.

> E-Herd 220 Grad
> Gasherd Stufe 3 bis 4
> Backzeit ca. 20 Minuten
> Einschubhöhe 2. Sch. von unten

GEWÜRZBROT MIT WEINBEEREN

150 g Weinbeeren
500 g Weizenvollkornmehl
100 g Mehl Type 1050 oder Vollkornmehl, leicht ausgesiebt
1 Pck. Trockenhefe
1/2 TL Meersalz
4 EL Honig
1 Ei
300 ml lauwarme Milch
60 g ungehärtete Pflanzenmagarine
abgeriebene Schale einer Orange (unbehandelt)
50 g feinzerkleinertes Orangeat
5 zerstoßene Korianderkörner
1 Prise Nelkenpulver
1 Prise Zimt
1 Prise Kardamom
Zum Bestreichen: 1 Eigelb
4 EL Milch

Die Weinbeeren mit wenig Mehl bestäuben. Das Mehl mit Trockenhefe, Meersalz, Honig, dem Ei, der Milch und zerlaufener Margarine verrühren. Die Orangenschale, das zerkleinerte Orangeat, die Gewürze und die Weinbeeren zugeben und alles gut verkneten. Den Teig ca. 45 Minuten gehen lassen, dann zu einem schlanken länglichen Brot formen. Das Eigelb mit Milch verrühren und das Brot damit bestreichen. Nochmals ca. 30 Minuten gehen lassen und im vorgeheizten Backofen backen.

> Elektroherd 220 Grad
> Gasherd Stufe 3 bis 4
> Backzeit ca. 35 bis 40 Minuten
> Einschubhöhe 2. Sch. von unten

Nussbrot mit Backferment

(dauert etwas länger!)

100 g Roggenvollkornmehl
500 g Weizenvollkornmehl
350 ml lauwarmes Wasser
1/2 TL Backferment
2 TL Salz
1 EL Honig
je 1 Prise Koriander, Fenchel und Anis
125 g Walnüsse oder Haselnüsse, grob gehackt

Die Hälfte des Mehls mit dem lauwarmen Wasser und Backferment verrühren. Über Nacht zugedeckt an einem gut temperierten Platz stehenlassen.
Dann das restliche Mehl, Salz, Honig und die Gewürze sowie die Nüsse zugeben. Alles gut miteinander verkneten und ca. 30 Minuten gehen lassen.
Nochmals durchkneten, einen Brotlaib formen und so lange gehen lassen, bis sich das Volumen verdoppelt hat. Das Brot mit Wasser bestreichen und im vorgeheizten Backofen backen.

> Elektroherd 220 Grad
> Gasherd Stufe 3 bis 4
> Backzeit ca. 50 Minuten
> Einschubhöhe 2. Sch. von unten

Knäckebrot »Selbstgemacht«

ca. 20 Scheiben

350 g Weizenvollkornmehl
2–3 TL Salz
100 g Weizenschrot
40 g Butter
1/4 l kochendes Wasser

Mehl, Salz und Schrot in eine Schüssel geben.
Butter in kleinsten Flöckchen zufügen und mit dem kochenden Wasser begießen (nach und nach), bis ein fester Teig entsteht. Den Teig auskühlen lassen (am besten im Kühlschrank) und anschließend kräftig durchkneten. Teig in ca. 20 Stücke teilen und jedes Teil dünn auswellen. Auf einem gefetteten Backblech im vorgeheizten Backofen backen.
Das Knäckebrot muß nur trocknen und sollte nicht braun werden.

> Elektroherd 150–170 Grad
> Gasherd Stufe 1–2
> Backzeit ca. 15 Minuten
> Einschubhöhe 2. Sch. von unten

Tip: Die Teigplatten mit Sesam, Mohn oder Kümmel bestreuen.

SAUERTEIG-SESAMBROT
(dauert etwas länger!)

WALNUSS-BROT

500 g Roggenvollkornmehl, mittelfein geschrotet
2 TL Meersalz
$1/2$ TL Kümmel
1 EL Honig
1 Pck. Fertigsauerteig (150 g)
500 ml lauwarmes Wasser
400 g Weizenvollkornmehl
1 Pck. Trockenhefe
ca. 200 ml lauwarmes Wasser
150 g leicht angerösteter Sesam

700 g Weizenvollkornmehl
2 Pck. Trockenhefe
1–2 TL Meersalz
2 EL Honig
1 TL zerstoßener Koriander
500 ml lauwarmes Wasser
100 ml kaltgepreßtes Walnußöl
200 g Weizenmehl Type 1050 oder Vollkornmehl, leicht ausgesiebt
250 g Walnußkerne, grob gehackt
Zum Bestreichen: $1/2$ Tasse Milch

Das Roggenmehl, Meersalz, Kümmel, Honig, den Sauerteig und Wasser gut miteinander verrühren und abgedeckt ca. 4 Stunden quellen lassen.
Dann das Weizenvollkornmehl, die Hefe, noch ca. 200 ml Wasser und $2/3$ des Sesams zugeben und gut miteinander verkneten.
Den Teig ca. 1 Std. gehen lassen. Dann in eine Kastenform füllen oder zu einem Laib formen.
Mit den restlichen Sesamkörnern bestreuen und nochmals ca. 45 Minuten gehen lassen.
Im vorgeheizten Backofen backen.

Das Vollkornmehl mit Hefe, Meersalz, Honig, Koriander und Wasser verrühren und nach und nach das Öl zugeben.
Dann ca. 40 Minuten bei Zimmertemperatur gehen lassen.
Das restliche Mehl und die Walnüsse unterkneten.
Den Teig in eine große Kastenform geben oder einen Laib formen, nochmals ca. 30 Minuten gehen lassen.
Mit Milch bestreichen und im vorgeheizten Backofen backen.

> E-Herd 225 Grad
> Gasherd Stufe 4
> Backzeit ca. 50 bis 60 Minuten
> Einschubhöhe 2. Sch. von unten

> E-Herd 225 Grad
> Gasherd Stufe 4
> Backzeit ca. 50 Minuten
> Einschubhöhe 2. Sch. von unten

Tip:
Dieses Rezept erfordert Vollkorn-Backerfahrung.

Walnußbrot und Sauerteig-Sesambrot, siehe oben ▷

OSTERZOPF ODER OSTERKRANZ
◄

750 g Weizenvollkornmehl	
1–1½ Würfel Hefe (ca. 60 g)	
ca. 400 ml lauwarme Milch	
100 g Honig (5 EL)	
1 Pck. Vanillezucker, 1 TL Meersalz	
½ TL gemahlener Kardamom	
200 g gehackte Mandeln	
150 g Zitronat, gewürfelt	
Saft und Schale von ½ Zitrone	
Zum Bepinseln: 1 Eigelb	
eventuell 250 g Rosinen	

Mehl in eine Schüssel geben, in die Mitte eine Mulde drücken. Hefe mit lauwarmer Milch verrühren, in der Mulde ca. 15 Minuten gehen lassen. Den Rest der Milch und die übrigen Zutaten hinzugeben und gut miteinander verkneten. 30 bis 40 Min. gehen lassen, wieder durchkneten und den Teig in drei Teile teilen. Aus jedem Teil eine Rolle formen und daraus einen Zopf flechten bzw. zu einem Kranz legen. Ca. 60 bis 90 Minuten gehen lassen und mit verquirltem Eigelb bestreichen. Aus dem Teig können auch mehrere kleine Zöpfe geflochten und zu Kränzchen geformt werden, in die jeweils ein buntes hartgekochtes Ei gesteckt wird. Im vorgeheizten Backofen bakken.

> Elektroherd 200–220 Grad
> Gasherd Stufe 3–4
> Backzeit ca. 60 bis 70 Minuten
> Einschubhöhe 2. Sch. von unten

Osterbrötchen: Rosinen in den Teig kneten und 20 Kugeln formen. Auf dem Blech gehen lassen, mit verquirltem Ei bestreichen und ca. 30 Minuten backen.

WEIZENVOLLKORN-BRÖTCHEN **Grundrezept**
ca. 20 Brötchen

500 g Weizenvollkornmehl	
1 Pck. Trockenhefe oder 1 Würfel Hefe	
1 TL Honig	
250–300 ml Milch	
1 TL Meersalz	
2 EL zerlaufene Butter	
oder 2 EL kaltgepreßtes Pflanzenöl	
Zum Bestreichen: Milch	

Das Mehl in eine Schüssel geben, mit der Trockenhefe vermischen – oder bei Verwendung von Frischhefe diese mit etwas lauwarmer Milch, Honig und etwas Mehl anrühren und warten, bis sie anfängt zu gehen. Dann alle Zutaten miteinander verarbeiten, bis ein geschmeidiger Teig entsteht. Etwa 40 Minuten bei Zimmertemperatur gehen lassen, nochmals durchkneten und ca. 20 Brötchen formen. Diese nochmals ca. 30 Minuten gehen lassen und dann mit lauwarmer Milch bestreichen. Im vorgeheizten Backofen backen.

> Elektroherd ca. 200 Grad
> Gasherd Stufe 3
> Backzeit 20 bis 30 Minuten
> Einschubhöhe 2. Sch. von unten

Tip: Dieses Rezept kann vielfältig abgewandelt werden: Dem Teig können Kräuter, angeröstete Zwiebeln, Nüsse, Sesam, Mohn und Leinsamen beigefügt und die Oberfläche kann unterschiedlich bestreut werden.

KRÄUTERBRÖTCHEN   15–16 Brötchen

ca. 100 g gemischte frische Kräuter (Dill, Liebstöckel, Petersilie usw.)

450 g Weizenvollkornmehl

1 Würfel Hefe (ca. 42 g)

1 TL Honig

2 TL Vollmeersalz

Pfeffer

80 g Pflanzenmargarine oder Butter

1 Ei

200 ml Milch

Zum Bestreichen: 1 Eigelb

Kräuter waschen, trockenschleudern und kleinschneiden, mit Mehl bestäuben. Mehl in eine Schüssel geben, in die Mitte eine Mulde drücken. Hefe mit einem Teil der lauwarmen Milch verrühren und in die Mulde geben. Ca. 20 Minuten gehen lassen, die übrigen Zutaten und die Kräuter einarbeiten. Eventuell noch etwas gehen lassen. Kleine Brötchen formen.
Mit verquirltem Eigelb bestreichen und im vorgeheizten Backofen backen.

Elektroherd 200 Grad
Gasherd Stufe 3
Backzeit ca. 20 Minuten
Einschubhöhe 2. Sch. von unten

ROGGENBRÖTCHEN
ca. 16 Brötchen

300 g Roggenschrot, sehr fein
200 g Weizenschrot, fein
1 Würfel Hefe (42 g)
350 ml Wasser
2 TL Salz
50 g Butter oder Pflanzenmagarine
3 EL Rübensirup

Schrot in eine Schüssel geben, in die Mitte eine Mulde drücken. Die Hefe mit einem Teil des lauwarmen Wassers anrühren und in die Mulde geben. Ca. 15 Minuten gehen lassen. Dann die übrigen Zutaten zugeben und alles gut miteinander verkneten. Abgedeckt ca. 30 Minuten gehen lassen.
Nochmals durchkneten und kleine Kugeln formen. Die Brötchen in Mehl wenden und nochmals 30 bis 40 Minuten auf dem Backblech gehen lassen.
In vorgeheiztem Backofen backen.

> Elektroherd 220 Grad
> Gasherd Stufe 4
> Backzeit ca. 25 Minuten
> Einschubhöhe 2. Sch. von unten

KÜRBISKERN-KÄSE-BRÖTCHEN
ca. 15 Brötchen

500 g Weizenvollkornmehl
1 Pck. Trockenhefe
1/2 TL Meersalz
300 ml lauwarme Buttermilch
50 g ungehärtete Pflanzenmargarine
100 g Kürbiskerne
1–2 Eigelb
2 EL Milch
100 g geriebener Käse
Hefestreuwürze

Das Vollkornmehl mit Hefe, Meersalz, Buttermilch und der zerlaufenen Margarine verrühren und einen geschmeidigen Teig kneten; ca. 30 Minuten gehen lassen.
Die Kürbiskerne grob hacken oder in Streifen schneiden und die Hälfte davon in den Teig einkneten. Brötchen formen und nochmals etwa 20 Minuten gehen lassen.
Die restlichen Kürbiskerne mit Eigelb, Milch, Käse und Hefestreuwürze mischen.
Die Brötchen vorsichtig oben einritzen und die Kürbiskern-Käse-Masse leicht hineindrücken.
Im vorgeheizten Backofen backen.

> Elektroherd 200–220 Grad
> Gasherd Stufe 3–4
> Backzeit ca. 20 Minuten
> Einschubhöhe 2. Sch. von unten

KÜMMELSTANGEN

ca. 14 Stangen

---

400 g Weizenvollkornmehl

3/4 Würfel Hefe (30 g)

---

200 ml lauwarme Milch

---

50 g Butter

1/2 TL Kardamom, gemahlen

1–2 TL Salz

---

2 TL Kümmel, gemahlen

Zum Bestreichen: Milch

Zum Bestreuen: Kümmel

Mehl in eine Schüssel geben, in die Mitte eine Mulde drücken. Die Hefe mit einem Teil der lauwarmen Milch anrühren und in der Mulde etwa 15 Minuten gehen lassen. Die restliche Milch, die zerlassene Butter und die Gewürze zugeben und gut durchkneten. Den Teig ca. 30 Minuten gehen lassen, wieder kneten und dünne, ca. 10 cm lange Stangen formen.
Auf einem gefetteten Backblech nochmals gehen lassen, mit warmer Milch bestreichen und mit Kümmel bestreuen.
Im vorgeheizten Backofen backen.

Elektroherd 220 Grad
Gasherd Stufe 4
Backzeit ca. 25 Minuten
Einschubhöhe 2. Sch. von unten

WEIZENBRÖTCHEN MIT HAFERKLEIE

ca. 15–20 kleine Brötchen

---

350 g Weizenvollkornmehl

---

150 g Haferkleie

300–350 ml lauwarme Milch

3/4 Würfel Hefe (30 g) oder
1 Pck. Trockenhefe

---

1 TL Honig

1–2 TL Salz

---

50 g Pflanzenmargarine

Zum Bestreichen: lauwarme Milch

Zum Bestreuen: Mohn oder Haferkleie

Weizenvollkornmehl und Haferkleie in eine Schüssel geben, in die Mitte eine Mulde drücken.
Einen Teil der warmen Milch mit Hefe und Honig verrühren, in die Mulde geben und ca. 15 Minuten gehen lassen.
Die restliche Milch, Salz und Pflanzenmargarine zugeben und miteinander vermischen. Gut durchkneten. Brötchen formen, nochmals ca. 30 Minuten gehen lassen.
Auf der Oberseite einritzen, mit lauwarmer Milch bestreichen und mit Mohn oder Haferkleie bestreuen.
Im vorgeheizten Backofen backen.

Elektroherd 200 Grad
Gasherd Stufe 3
Backzeit ca. 30 Minuten
Einschubhöhe 2. Sch. von unten

Tip: Diese Brötchen sind besonders ballaststoffreich und lassen sich sehr gut einfrieren.

Weizenbrötchen mit Haferkleie (Partybrot), Rezept siehe oben, Weizenvollkornbrötchen, Grundrezept (mit Variationen) Seite 21, Kümmelstangen, Seite 24. ▷

Pikante Kuchen

QUARK-ÖL-TEIG
Grundrezept, pikant

Für Springform, die Hälfte oder 1 Hälfte einfrieren

150 g Quark, 20% F.i.Tr.

3–5 EL Milch

4–5 EL Pflanzenöl

1 TL Salz

1 Ei

300 g Weizenvollkornmehl oder Weizenmehl Type 1050

1 Pck. Weinsteinbackpulver

Quark mit Milch, Öl, Salz und Ei glattrühren. Das mit Backpulver vermischte Mehl einrühren und mit der Hand weiterverarbeiten, bis ein geschmeidiger Teig entsteht. Anschließend eine Stunde im Kühlschrank aufbewahren.

Auswellen und ein gefettetes, rechteckiges Backblech damit belegen. Um eine Spring- oder Tortenbodenform zu belegen, reicht die Hälfte der Teigmenge.

Der Rest kann eingefroren werden. Er eignet sich auch für pikantes Kleingebäck (mit Mohn, Kümmel, Sesam oder Paprika).

HEFETEIG
Grundrezept, pikant

450 g Weizenvollkornmehl

$3/4$ Würfel Hefe (30 g) oder
1 Pck. Trockenhefe

ca. 250 ml Milch

$1/2$ TL Honig

1 TL Salz

30–50 g weiche Margarine

1 Ei

Mehl in eine vorgewärmte Schüssel geben, eine Mulde in die Mitte drücken.

Hefe mit 4 bis 6 Eßlöffeln lauwarmer Milch und Honig anrühren und in die Mulde geben. Abgedeckt ca. 15 Minuten gehen lassen.

Die restliche Milch, Salz, Fett und Ei zugeben und alles miteinander verrühren und eventuell mit der Küchenmaschine verkneten, bis der Teig sich von der Schüsselwand löst. Wieder ca. 30 Minuten gehen lassen, bis der Teig sein Volumen etwa verdoppelt hat. Nochmals durchkneten und in einer gefetteten Form oder ausgewellt auf einem gefetteten Blech gehen lassen. Je nach Rezept weiterverarbeiten.

Der Teig reicht für ein großes rechteckiges Backofenblech. Wenn eine Springform damit belegt werden soll, reicht die Hälfte der Teigmenge.

◁ Gemüse-Quiche, Rezept siehe
Lauch-Quiche, Seite 28.

Pizza mit Tomaten, Pilzen und Zwiebeln

6 Portionen

Quark-Öl-Teig (Seite 27) oder Hefeteig (Seite 27) auf einem gefetteten Backblech auswellen.

Belag:

1 kleine Dose Tomatenmark
2 zerdrückte Knoblauchzehen
Salz, Pfeffer
10 Tomaten, überbrüht und enthäutet
300 g frische Champignons
3 Zwiebeln, evtl. einige Oliven
3 EL Olivenöl
Thymian, Oregano, Salz
200 g geriebener Emmentaler (40% F.i.Tr.) oder Mozzarella

Tomatenmark mit Knoblauch, Salz und Pfeffer mischen und auf dem Teig ausstreichen. Die Tomaten in Scheiben schneiden und darauf verteilen.
Champignons in Scheiben, Zwiebeln in feine Ringe schneiden und in heißem Olivenöl andünsten. Dann auf die Tomaten verteilen und würzen. Evtl. Oliven auflegen, mit geriebenem Käse bestreuen. In den vorgeheizten Backofen geben.

> Elektroherd 200–220 Grad
> Gasherd Stufe 3–4
> Backzeit ca. 30–35 Minuten
> Einschubhöhe 2. Sch. von unten

Für Kinder kann die Pizza wie ein Gesicht belegt werden. Die Pizza schmeckt noch besser, wenn die Kinder selbst backen!
Tip: Als Belag kann auch Spinat, Paprika oder anderes Gemüse und auch Käse wie Parmesan oder Gorgonzola verwendet werden.

Lauch-Quiche

4 Portionen

Die Hälfte des Quark-Öl-Teigs (Seite 27) auswellen und den Boden sowie den Rand einer gefetteten Springform damit belegen.

Belag:

ca. 1 kg Lauch
2 EL Butter
2–3 EL süße Sahne
Salz, Pfeffer
Curry
2 Eier
250 ml saure Sahne (10% F.)
Salz, Pfeffer
Muskat

Lauch gründlich waschen und in 1 bis 2 cm breite Scheiben schneiden, in heißer Butter mit der Sahne ca. 10 Minuten dünsten. Würzen mit Salz, Pfeffer, Curry. Die Brühe abgießen und die Lauchstücke auf dem Teig verteilen. Die Eier mit der sauren Sahne, Salz, Pfeffer und Muskat verquirlen und über den Lauch gießen. In den vorgeheizten Backofen geben.

> Elektroherd 200–220 Grad
> Gasherd Stufe 3–4
> Backzeit ca. 50 Minuten
> Einschubhöhe 2. Sch. von unten

Anstelle von Lauch eignet sich auch Brokkoli oder Blumenkohl mit Tomatenachteln und Paprikastreifen als Belag. Als Guß 1 Becher süße Sahne mit 4 Eiern, Salz, Pfeffer und 100 g geriebenem Parmesan vermischen und über das Gemüse gießen.

Pizza mit Tomaten, Zwiebeln etc., ▷
Seite 28, Lauch-Quiche, siehe oben.

GEMÜSE-KÄSE-STRUDEL **4–6 Portionen**

Teig:

250 g sehr fein gemahlenes Weizenvollkornmehl
(evtl. etwas aussieben)

1 TL Meersalz

60 g Butter oder ungehärtete Pflanzenmargarine

150 ml heißes Wasser

Füllung:

300 g Brokkoli (frisch oder tiefgefroren
und aufgetaut)

1 kleiner Blumenkohl

2–3 mittelgroße Möhren

30 g ungehärtetes Pflanzenfett

Meersalz

Pfeffer aus der Mühle

Muskat

3 Eier (1 Ei trennen und Eiklar zurückbehalten)

1 Becher Crème fraîche

5 EL geriebener Käse (Emmentaler)

1 Ei

2–3 EL Milch

Weizenmehl in eine Schüssel geben, Salz
und Butterflöckchen darauf verteilen. Nach
und nach zu einem glatten Teig verkneten.
Ca. 30 Minuten kühl stellen.
Zwischenzeitlich die Füllung vorbereiten.

Brokkoli und Blumenkohl putzen, in Rös-
chen zerteilen, Stücke kleinschneiden und
bißfest blanchieren.
Möhren und Zwiebeln schälen, kleinschneiden und in heißem Pflanzenfett dünsten. Das Gemüse auf dem dünn ausgewellten (auseinandergezogenen) Teig verteilen – die Ränder freilassen – und mit
Meersalz, Pfeffer und Muskat würzen.
Eier und Crème fraîche miteinander vermischen und auf dem Gemüse verteilen. Mit
geriebenem Käse bestreuen. Die Ränder
mit Eiklar bestreichen, einschlagen und
vorsichtig mit Hilfe des Küchentuches eine
Rolle formen. Mit verschlagenem Ei und
Milch bestreichen und auf ein Backblech
legen, gut durchbacken.

Elektroherd 180–200 Grad
Gasherd Stufe 3
Backzeit ca. 50 Minuten
Einschubhöhe 2. Sch. von unten

Quiche Lorraine

4–6 Portionen

Teig:

180 g Weizenvollkornmehl oder Mehl Type 1050
1 Msp. Weinsteinbackpulver
100 g Butter
1/2 TL Salz
etwas Wasser
2 EL Sonnenblumenkerne

Belag:

200 g gekochter Schinken
5 Eier, getrennt
1/2 Becher süße Sahne (125 g)
1 Becher saure Sahne (150 g)
Pfeffer, Salz
100 g geriebener Käse (Emmentaler)

Mehl und Backpulver auf ein Brett geben. Butterflöckchen darüber verteilen, Salz und Wasser zugeben und alle Zutaten rasch zu einem Mürbeteig verarbeiten. Ca. zwei Stunden im Kühlschrank ruhen lassen.
Den Teig auswellen und eine gefettete Springform mit Rand damit belegen. Den Teigboden mehrmals mit einer Gabel einstechen und mit Sonnenblumenkernen bestreuen.
Schinken in Streifen schneiden und auf den Teig geben. Eigelb mit Sahne, Pfeffer und Salz verquirlen, Käse zugeben. Eiklar steif schlagen und locker unter die Eigelb-Käse-Masse heben. Auf dem Schinken verteilen. In den vorgeheizten Backofen schieben.

> Elektroherd 200–220 Grad
> Gasherd Stufe 3–4
> Backzeit ca. 45 Minuten
> Einschubhöhe 2. Sch. von unten

Pikanter Quarkkuchen

4 Portionen

Die Hälfte des Hefeteig-Grundrezepts zubereiten, auswellen und eine gefettete Springform mit Rand damit belegen.

500 g Quark/Topfen (20% Fett)
1 große Zwiebel, gehackt
1 Zehe Knoblauch, gehackt
3 Eier
1 TL Stärkemehl
Salz, Pfeffer
Hefewürze
5 EL Schnittlauchröllchen
1/8 l süße Sahne

Quark (Topfen) mit Zwiebelwürfeln, Knoblauch, den Eiern und der Stärke verrühren. Würzen mit Salz, Pfeffer, Hefewürze und geschnittenem Schnittlauch. Die steifgeschlagene Sahne unterziehen und die Masse auf den Teig geben. In den vorgeheizten Backofen schieben.

> Elektroherd 200 Grad
> Gasherd Stufe 3
> Backzeit ca. 60 Minuten
> Einschubhöhe 2. Sch. von unten

Diabetiker: 1 Portion = ca. 4 BE oder 48 g KH.

ZWIEBELKUCHEN   **4 Portionen**

Die Hälfte des Quark-Öl-Teiges (Seite 27) auswellen und eine gefettete Springform damit auslegen.

Belag:

750 g Zwiebeln
20 g Pflanzenöl
1 Becher saure Sahne (150 g)
5 EL süße Sahne
2 ganze Eier
Salz
1 TL gemahlener Kümmel
schwarzer und weißer Pfeffer
1 Prise gemahlener Wacholder

Zwiebeln schälen, in feine Ringe schneiden; Im Öl 5 bis 10 Minuten dünsten. Gut abtropfen lassen und die Zwiebeln auf dem ausgewellten Teig verteilen.

Sahne mit den Eiern verquirlen und mit Salz und den Gewürzen abschmecken. Die Masse über den Zwiebeln gleichmäßig verteilen, im vorgeheizten Backofen backen.

Elektroherd 220 Grad
Gasherd Stufe 4
Backzeit ca. 40 Minuten
Einschubhöhe 2. Sch. von unten

Tip: Der Zwiebelkuchen sollte heiß gegessen werden. Dazu schmeckt neuer Wein, Cidre oder Apfelwein.

PIKANTE KÄSEKÜCHLE

6 Törtchen

Teig:

150 g Weizenvollkornmehl
1 Msp. Weinsteinbackpulver
60 g Butter oder ungehärtete Pflanzenmargarine
1/2 TL Meersalz, evtl. etwas Wasser
1 EL Weizenkeime

Belag:

150 ml saure Sahne (10% F.)
1–2 Eier, je nach Größe
50–70 g geriebener Käse (z. B. Emmentaler, 45% F.i.Tr.)
1/4 grüne Paprikaschote
1/4 rote Paprikaschote
Majoran, 1 zerdrückte Knoblauchzehe

Aus Mehl, Backpulver, Butter oder Pflanzenmargarine, Salz und Wasser einen Knetteig herstellen und ca. 30 Minuten im Kühlschrank aufbewahren. 6 kleine Tortenförmchen ausfetten, mit Weizenkeimen ausstreuen und den Teig hineindrücken (die Förmchen müssen einen dicken Boden haben). Im vorgeheizten Backofen vorbacken, etwas abkühlen lassen und stürzen. Zwischenzeitlich saure Sahne mit Eiern und geriebenem Käse verrühren. Paprika in kleine Würfel schneiden und zusammen mit den Gewürzen zu der Ei-Sahne geben. Vorsichtig auf die umgestürzten Törtchen geben und überbacken.

> Elektroherd ca. 15 Minuten 200 Grad, mit Belag ca. 30 Minuten 170 Grad
> Gasherd Stufe 2–3
> Einschubhöhe 2. Sch. von unten

Diabetiker: 1 Törtchen = 1/2 BE oder 6 g KH.

KÄSEGEBÄCK

175 g Weizenvollkornmehl oder Mehl Type 1050
2 Eier
150 g geriebener Käse (Emmentaler)
80 g Butter
Zum Bestreichen: 1 Eigelb
Zum Bestreuen: Mohn, Sesam, Kümmel usw.

Alle Zutaten zu einem Knetteig verarbeiten und eine halbe Stunde im Kühlschrank aufbewahren. Auswellen und mit dem Teigrädchen Rechtecke oder Streifen ausrädeln. Mit Eigelb bestreichen und mit Mohn, Sesam, Kümmel, Paprika oder anderen Gewürzen bestreuen. Auf einem mit Backpapier belegten Blech im vorgeheizten Backofen backen.

> Elektroherd 200–220 Grad
> Gasherd Stufe 3–4
> Backzeit ca. 10 Minuten
> Einschubhöhe 2. Sch. von unten

Käsegebäck, Rezept siehe oben.   ▷

VOLLKORNKUCHEN

Tips und Tricks fürs Backen

Viele Teige lassen sich mit Vollkornmehl sehr gut herstellen, selbst zarter Biskuitteig gelingt gut, ist locker und schmeckt einfach köstlich. Vollkorngebäck hat mehr Biß, mehr Eigengeschmack und einen besseren Sättigungswert als vergleichbare Weißmehlprodukte.

Wenn Sie liebgewordene Backrezepturen haben, dann testen Sie diese mit Vollkornmehl zunächst im engen Familien- oder Freundeskreis. Ein Apfelkuchen, der besonders zart und auf Grund seiner »Feinheit« beliebt ist, kommt evtl. nicht gut an, wenn er plötzlich aus Vollkornmehl hergestellt wird. Ähnlich ist es bei traditionsreichen Weihnachtsgebäckrezepturen. Vanillekipferl sind sicher nicht das geeignete Rezept, um mit Vollkornmehl zu backen.

Aus eigener Erfahrung weiß ich, daß es günstiger ist, völlig neue Rezepturen einzuführen, die noch keine Tradition in der Familie haben. Sie sollten auch eher mit »deftigen« Rezepten wie Pflaumenkuchen, Apfelkuchen vom Blech, Nußkuchen, Möhrenkuchen oder mit pikanten Rezepten wie Pizza, Zwiebelkuchen, Lauchkuchen usw. beginnen.

Folgendes sollten Sie beachten:

o Für Mürbeteigkuchen und Feingebäck muß das Getreide sehr fein gemahlen werden. Das vom Hersteller bereits gemahlene Mehl ist oft zu grob und sollte deshalb vor dem Backen leicht ausgesiebt werden. Dies kann auch der Fall sein, wenn Sie nur eine einfache Mühle besitzen. Die ausgesiebte Kleie läßt sich sehr gut ins Müsli einstreuen.

o Für die Rezepte gilt, daß angegebene Flüssigkeitsmengen nur Richtwerte sein können. Die Menge ist abhängig vom Feinheitsgrad des Mehles, der Eigröße, von der Art des Fettes, von der Konsistenz des Honigs usw.

o Bereiten Sie Vollkornteige eher etwas weicher zu und lassen Sie sie zum Quellen länger stehen.

o Die Zutaten sollten (außer bei Knetteig) alle zimmerwarm sein, sie verbinden sich besser.

o Die angegebenen Backzeiten sind nur Richtwerte, denn jeder Herd bäckt anders. Vollkornteige sind etwas »schwerer« und brauchen manchmal etwas länger. Stechen Sie mit einem einfachen Holz-Stäbchen vorsichtig in den Kuchen: Bleibt es trocken, ist die Backzeit richtig. Hängen Teigreste daran, braucht der Kuchen noch einige Minuten.

o Den Kuchen nach dem Backen in der Form einige Minuten abkühlen lassen und erst dann herauslösen und auf ein Kuchengitter stürzen.

o Wenn Sie schon beim Backen sind, nehmen Sie einfach das Rezept doppelt und frieren einen Kuchen ein. Dies spart Zeit und Energie.

o Für die Rührkuchen-Rezepturen wurde bevorzugt Weinsteinbackpulver verwendet.

o Als Süßungsmittel verwende ich vorwiegend
   Honig (möglichst eine milde flüssige Sorte wie Linde/Akazie),
   Rohzucker – er enthält noch Mineralstoffe und Spurenelemente (er sollte vor der Verarbeitung möglichst zerkleinert (im Mixer) werden, weil er sich sonst schlecht auflöst) und
   Zuckerrübensirup.

o Falls Sie mit normalem Zucker (Saccharose) backen möchten, reduzieren Sie die Menge.

o Honig und Rübensirup lassen sich schwer abwiegen, am günstigsten ist es, Sie wiegen ihn in die Arbeitsschüssel zu.

o In den Rezepten wird nur echte Vanille oder Vanillezucker (nicht zu verwechseln mit Vanillin) verwendet.

◁ Blechkuchen, Rezepte Seite 45.

HEFEKUCHEN
Grundrezept

ROSINENNAPFKUCHEN
ca. 16 Stücke ▷

Das folgende Grundrezept eignet sich zur Herstellung von Napf- und Blechkuchen, als Basis für Obstkuchen und für Kleingebäck.

Möchten Sie den Teig etwas weicher und geschmeidiger haben, erhöhen Sie die Fettmenge. Wenn Sie frische Hefe verwenden, ist ein Vorteig empfehlenswert; bei Trockenhefe können Sie alle Zutaten sofort miteinander vermischen.

---

450 g Weizenvollkornmehl

3/4 Würfel Hefe (30 g) oder
1 Pck. Trockenhefe

---

ca. 250 ml Milch

---

2 EL Honig oder Rohrzucker

---

1 Prise Salz

---

50 g weiche Margarine oder Pflanzenöl

---

1 Ei

Margarine zum Einfetten

Mehl in eine vorgewärmte Schüssel geben, eine Mulde in die Mitte drücken. Hefe mit etwas Milch und Honig oder Rohrzucker anrühren und in die Mulde geben. Abgedeckt ca. 15 Minuten gehen lassen (an einem zugfreien, warmen, jedoch nicht heißen Platz).
Restliche Milch, Honig, Salz, Fett und das Ei zugeben und alles miteinander verrühren (evtl. mit der Küchenmaschine verkneten), bis der Teig sich von der Schüsselwand löst.
Wieder 30 Minuten gehen lassen. Nochmals durchkneten und in einer gefetteten Form oder ausgewellt auf einem gefetteten Blech gehen lassen.
Je nach Rezept weiterverarbeiten.

---

400 g Weizenvollkornmehl

3/4 Würfel Hefe (30 g) oder
1 Pck. Trockenhefe

---

200 ml lauwarme Milch

80–100 g Butter

---

3 Eier

---

etwas abgeriebene Zitronenschale (unbehandelt), 1 Prise Salz

---

150 g Sultaninen

---

100 g gehackte Mandeln

Fett für die Form

Zum Bestreuen: Kokosraspel

Mehl in eine Schüssel geben, eine Mulde in die Mitte drücken. Hefe mit etwas Honig und lauwarmer Milch verrühren und in der Mulde ca. 15 Minuten gehen lassen. In der Zwischenzeit die Butter mit dem Rest Honig und den Eiern schaumig rühren.
Zitronenschale und Salz zugeben, die gewaschenen Sultaninen und die Mandelstifte unterziehen. Die Schaummasse zum Hefeteig geben und alles solange miteinander verkneten, bis der Teig nicht mehr klebt, ca. 30 Minuten gehen lassen.
Den Teig in eine gut ausgefettete Guglhupfform füllen und nochmals ca. 40 Minuten gehen lassen. In den vorgeheizten Backofen geben.
Noch heiß mit Kokosraspel bestreuen.

Elektroherd 200 Grad
Gasherd Stufe 3
Backzeit ca. 50 bis 60 Minuten
Einschubhöhe 2. Sch. von unten

Für Kinder kann man aus dem Teig mehrere kleine Kuchen backen – oder die Kinder backen selbst »ihre« Kuchen! Kleine Formen gibt es in Haushaltswaren- und Küchenspezialgeschäften.

BUCHTELN   **Für 8 Buchteln**

---

250 g Weizenvollkornmehl

---

150 ml Milch, 2 EL Honig

1/2 Pck. Trockenhefe

---

50 g gemahlene Haselnüsse oder Walnüsse

Fett für die Form

Zum Bestreichen: 1 Eiklar

Zum Belegen: 80 g Butter

Aus Vollkornmehl, Milch, Honig, Trockenhefe und gemahlenen Nüssen einen Hefeteig herstellen. Ca. 30 Minuten gehen lassen, nochmals durchkneten und 8 kleine Kugeln formen. Diese in eine ausgefettete Auflaufform nebeneinandersetzen und nochmals ca. 30 Minuten gehen lassen.

Mit leicht verrührtem Eiklar bestreichen und mit Butterflöckchen belegen. In den vorgeheizten Backofen geben.

Elektroherd 200 Grad
Gasherd Stufe 3
Backzeit ca. 40 Minuten
Einschubhöhe 2. Sch. von unten

Für **Diabetiker** geeignet, wenn statt Honig 2 EL Fruchtzucker (20 g) verwendet werden. Pro Buchtel: 2,5 BE oder ca. 30 g KH.

Tip: Die Buchteln können auch mit einer Mohnmasse, mit gehackten Nüssen oder Trockenfrüchten gefüllt und dann erst gebacken werden.

ROSINENSCHNECKEN ca. 15 Stück

500 g Weizenvollkornmehl
1 Pck. Trockenhefe
250–350 ml Milch, 2 EL Honig
1 Prise Meersalz, 1 Ei
Zum Einfetten der Backform: 50 g weiche ungehärtete Pflanzenmargarine

Füllung:

5 EL Nußmus
4–5 EL Honig
100 g Rosinen
125 g grobgehackte Haselnüsse oder Mandeln, etwas Zimt
Zum Bestreichen: 1 verquirltes Eigelb

Vollkornmehl mit Hefe mischen und mit Milch, Honig, Salz, Margarine und Ei zu einem geschmeidigen Teig verrühren bzw. verkneten. Ca. 40 Minuten gehen lassen. Den Teig auswellen, mit Nußmus und Honig bestreichen, mit Rosinen, Nüssen und Zimt bestreuen. Schmale längliche Streifen schneiden und diese zusammenrollen.
Die so geformten Schnecken nebeneinander in eine ausgefettete Springform setzen, mit verquirltem Eigelb bestreichen und im vorgeheizten Backofen backen.

Elektroherd 200 Grad
Gasherd Stufe 3
Backzeit ca. 40 Minuten
Einschubhöhe 2. Sch. von unten

FASCHINGSKRAPFEN   ca. 14 Stück

500 g Weizenvollkornmehl
1 TL Honig
1 Pck. Trockenhefe
ca. 300 ml Milch
ca. 5 EL flüssiger Honig
1 Ei
etwas Meersalz
etwas abgeriebene Orangenschale (unbehandelt)
Zum Bestreuen: 2 EL brauner Zucker
Zum Ausbacken: 1 Platte Kokosfett

Mehl mit Honig, Hefe, Milch, Ei, Meersalz und Orangenschale verrühren und ca. 30 Minuten gehen lassen. Nochmals durchkneten und den Teig ca. 3 cm dick auswellen. Plätzchen von 8 cm Durchmesser ausstechen, nochmals ca. 30 Minuten gehen lassen.

·Zwischenzeitlich das Kokosfett in einem schmalen hohen Topf erhitzen und jeweils drei Krapfen hineingeben und ca. 4 Minuten backen. Auf Küchenkrepp abtropfen lassen und mit braunem Zucker bestreuen.

Diabetiker: Den Teig ohne Honig, dafür mit 40 g Fruchtzucker zubereiten.
1 Krapfen = 2 BE oder 24 g KH.

CHRISTSTOLLEN
ca. 24–26 Stücke

---

550 g Weizenvollkornmehl

---

1 Würfel Hefe (42 g) oder
1 Pck. Trockenhefe

---

250 ml lauwarme Milch, 150 g Honig

---

200 g Butter, 1–2 Eier

---

abgeriebene Zitronenschale (unbehandelt)

---

je 1 Msp. Muskatnuß, Muskatblüte, Nelken und Kardamom, 1/2 TL Salz

---

150 g Mandelstifte

---

250 g Rosinen, 50 g Korinthen

---

100 g Orangeat, fein geschnitten

---

100 g Zitronat, fein geschnitten

Zum Einfetten und Bestreichen:
50 g Butter

Mehl in eine Schüssel geben, eine Mulde in die Mitte drücken. Hefe mit einem Teil Milch und Honig verrühren und in der Mulde ca. 15 Minuten gehen lassen.
Die zerlassene Butter, Honig, die Eier, Zitronenschale und die Gewürze zugeben und verkneten, bis der Teig nicht mehr klebt. Ca. 30 Minuten gehen lassen, dann die Mandelstifte, Rosinen, Korinthen, Orangeat und Zitronat einarbeiten. Den Teig ca. 2 cm dick zu einem Oval auswellen, erst die eine breite Seite zur Mitte hin einschlagen, dann die andere Seite darüberlegen. Leicht andrücken und zu einem Stollen formen. Auf einem gefetteten Backblech backen.

Elektroherd 180 Grad
Gasherd Stufe 2
Backzeit ca. 70 Minuten
Einschubhöhe 2. Sch. von unten

Tip: Noch heiß mit der flüssigen Butter bestreichen.

HESSISCHER SCHMANDKUCHEN
Für 1 Blech – ca. 20 Stücke

Hefeteig nach Grundrezept (Seite 38) herstellen, auswellen und ein Backblech damit belegen, ca. 10 Minuten gehen lassen.

Belag:

---

40 g Butter

---

150 g Mandelblättchen

---

2 Becher Schmand à 200 ml

---

oder 1 Becher Crème fraîche und 1 Becher saure Sahne

---

5 EL Honig (ca. 100 g)

---

2 Pck. Vanillezucker

---

1 TL Zimt

Die Butter erhitzen und die Mandeln vorsichtig darin bräunen. Abkühlen lassen.
Schmand oder Crème fraîche und saure Sahne mit Honig, Vanillezucker und Zimt verrühren. Gleichmäßig auf dem Teig verteilen und mit den Mandeln bestreuen. Nochmals ca. 20 Minuten gehen lassen. Den Kuchen im vorgeheizten Backofen backen.

Elektroherd 200–220 Grad
Gasherd Stufe 3–4
Backzeit ca. 30 Minuten
Einschubhöhe 2. Sch. von unten

PFLAUMENKUCHEN

Für 1 Blech – ca. 20 Stücke

Hefeteig nach Grundrezept Seite 38 herstellen (jedoch **ohne** Ei), auswellen und ein gefettetes Backblech damit belegen.

Belag:

5 EL gehackte Haselnüsse, leicht angeröstet

1,5–2 kg Pflaumen, entkernt und halbiert.

Die Nüsse auf dem ausgewellten Teig verteilen (damit sie die Flüssigkeit des Obstes etwas binden).
Die Pflaumen dicht nebeneinandersetzen und den Kuchen im vorgeheizten Backofen backen.

> Elektroherd 200–220 Grad
> Gasherd Stufe 3–4
> Backzeit ca. 40 Minuten
> Einschubhöhe 2. Sch. von unten

Diabetiker: Hefeteig nicht mit Honig, sondern mit 40 g Fruchtzucker zubereiten. 1 Stück = ca. 2 BE oder 24 g Kohlenhydrate.

Tip: Den Kuchenboden vor dem Backen mit grob geriebenen Mandeln bestreuen, um so ein Durchsaften der Früchte zu verhindern und die Pflaumen dann mit Mandelstiften bestreuen.

KÄSEKUCHEN

Für 1 Blech – ca. 20–24 Stücke

Hefeteig nach Grundrezept Seite 38 herstellen, auswellen und ein gefettetes Backblech damit belegen.

Belag:

1,25 kg Quark (Topfen) 20% F.

4–5 Eier

ca. 150 g Honig oder 200 g Rohrzucker

2 Pck. Vanillesoßenpulver

80 g Butter

1 Prise Salz

1 Tasse Milch

Quark mit Eiern und Honig glattrühren. Soßenpulver und Butter zugeben. Ebenso Salz und Milch. Alles gut verrühren. Die Masse gleichmäßig auf dem bereits gegangenen Teig verteilen und den Kuchen in den vorgeheizten Backofen schieben.

> Elektroherd 180–200 Grad
> Gasherd Stufe 2–3
> Backzeit ca. 60 Minuten
> Einschubhöhe 2. Sch. von unten

Diabetiker: Den Hefeteig nicht mit Honig, sondern mit 40 g Fruchtzucker zubereiten. Den Belag mit 150 g Fruchtzucker anstelle von Honig oder Rohrzucker herstellen. 1 Stück = $2^{1}/_{2}$ BE oder 30 g Kohlenhydrate.

BUTTERKUCHEN

Für 1 Blech – ca. 20 Stücke
Abb. Seite 36

Hefeteig nach Grundrezept Seite 38 herstellen, auswellen und ein Backblech damit belegen.

Belag:

| 3–4 EL Honig |
| 100 g Butter |
| 1 EL Zimt |
| 150 g blättrig geschnittene Mandeln |

Den Honig auf dem Teig ausstreichen. Die Butter in Flöckchen darauf verteilen. Alles mit Zimt bestreuen und mit Mandelblättchen abdecken. Nochmals ca. 15 Minuten gehen lassen, in den vorgeheizten Backofen schieben.

Elektroherd 200–220 Grad
Gasherd Stufe 3–4
Backzeit ca. 20 Minuten
Einschubhöhe 2. Sch. von unten

STREUSELKUCHEN

Für 1 Blech – ca. 20 Stücke
Abb. Seite 36

Hefeteig nach Grundrezept Seite 38 mit 1 TL Honig herstellen, auswellen und ein Backblech damit belegen.

Belag:

| 150 g Rohzucker (zuvor kurz im Mixer zerkleinern) |
| 1 Prise Salz |
| etwas Vanille |
| 200 g Vollkornmehl, leicht ausgesiebt |
| 200 g Butter |

Rohzucker, Salz, Vanille und Mehl mischen. Die Butter in Flöckchen darübergeben und die Masse mit den Händen schnell zu Streuseln kneten (krümeln). Die Streusel auf dem ausgewellten Teig verteilen. Nochmals ca. 20 Minuten gehen lassen und in den vorgeheizten Backofen schieben.

Elektroherd 200–220 Grad
Gasherd Stufe 3–4
Backzeit ca. 25 Minuten
Einschubhöhe 2. Sch. von unten

RÜHRKUCHEN UND TORTEN

Für den Einstieg in die Vollkorn-Bäckerei eignen sich Rührkuchen und Torten besonders gut. Sie sind einfach und schnell zubereitet. Als Faustregel gilt: Auf 500 g Mehl ein Päckchen Backpulver verwenden.

Bei sehr Eier-reichen Rezepten kann evtl. auf das Backpulver verzichtet werden. Die Eier werden nach und nach in die schaumige Fett-Honig-Masse eingerührt – das Fett sollte in jedem Fall geschmeidig sein.

VERSUNKENER APFELKUCHEN

ca. 12–16 Stücke

125 g ungehärtete Pflanzenmargarine oder Butter

80–100 g Honig oder Apfelkraut

3 Eier, getrennt

1 Prise Salz

200 g Weizenvollkornmehl

2 TL Weinsteinbackpulver

150 ml Milch

2–3 mittelgroße Äpfel (z. B. Renetten)

Aus Margarine oder Butter, Honig und Eigelb eine Schaummasse rühren. Salz, Mehl mit Weinsteinbackpulver vermischt, zugeben, und verrühren. Die Milch zugießen. Das steif geschlagene Eiklar unterziehen. Den Teig in eine gefettete Springform füllen und die geviertelten Äpfel rundherum in den Teig drücken.
Im vorgeheizten Backofen backen.

> Elektroherd 200 Grad
> Gasherd Stufe 3
> Backzeit ca. 50 Minuten
> Einschubhöhe 2. Sch. von unten

Diabetiker: Rezept mit 80 g Fruchtzucker statt des Honigs zubereiten.
Pro Stück müssen 2 BE oder 24 g KH angerechnet werden.

◁ Apfelkuchen mit Guß, Rezept nebenstehend.

APFELKUCHEN MIT HASELNUSSGUSS

ca. 12 bis 16 Stücke

200 g Weizenvollkornmehl

1 TL Weinsteinbackpulver

1 Ei, 1 Eigelb

1 Prise Meersalz, 80 g Honig

150 g kalte Butter

Mehl mit Backpulver mischen, auf ein Backbrett geben und in die Mitte eine Mulde drücken. Ei, Eigelb, Salz und Honig in die Vertiefung geben. Butterflöckchen auf dem Rand verteilen. Mit den Händen sehr schnell einen Teig kneten oder mit der Küchenmaschine auf niedriger Schaltstufe durcharbeiten. Den Teig ca. 1 Stunde im Kühlschrank ruhen lassen.
Auswellen und eine gefettete Springform damit belegen, den Rand hochdrücken.

Belag:

5 mittelgroße säuerliche Äpfel

Guß:

2 Eier, 2 EL Honig

1 Prise echte Vanille

100–125 ml süße Sahne

evtl. 2 EL Haselnußmus

2 EL grob gehackte Haselnüsse

Die Äpfel (evtl. mit Schale) achteln und entkernen. Den Teig damit dicht belegen. Eier mit Honig, Vanille, Sahne und evtl. Haselnußmus und grobgehackten Haselnüssen verquirlen und über die Äpfel gießen. Im vorgeheizten Backofen goldgelb backen.

> Elektroherd 200 Grad
> Gasherd Stufe 3
> Backzeit ca. 30–40 Minuten
> Einschubhöhe 2. Sch. von unten

NUSSKUCHEN
ca. 16 Stücke

E

250 g ungehärtete Pflanzenmargarine oder Butter

250 g »Ursüße« (getrockneter Zuckerrohrsaft)

N ganz

W

3–4 Eier   *5 EL Milch*

1 Prise Salz

~~5 EL Milch~~

H

300 g Weizenvollkornmehl

$3/4$ Pck. Weinsteinbackpulver

E

250 g geriebene Haselnüsse

Fett mit Ursüße schaumig rühren. Nach und nach die Eier und Salz zugeben. Das mit Backpulver vermischte Mehl und die geriebenen Haselnüsse unterarbeiten. Rühren, bis der Teig reißend vom Löffel fällt und dann in eine ausgefettete Kasten- oder Rehrückenform geben und im vorgeheizten Backofen backen.

Elektroherd 200 Grad
Gasherd Stufe 3
Backzeit ca. 50 Minuten
Einschubhöhe 2. Sch. von unten

APFELSINENKUCHEN
ca. 16 Stücke

250 g ungehärtete Pflanzenmargarine oder Butter

150–180 g Honig (Linde, Akazie)

4 Eier, getrennt

150 ml Milch

abgeriebene Schale von 2 Apfelsinen (unbehandelt)

450 g Weizenvollkornmehl

$1/2$ Pck. Weinsteinbackpulver

Zum Beträufeln: Saft von 2 Apfelsinen

Fett mit Honig schaumig rühren. Eigelb und die Milch zugeben. Dann das mit Weinsteinbackpulver vermischte Mehl und die abgeriebene Orangenschale unterrühren. Zum Schluß das steifgeschlagene Eiklar locker unterziehen.
Die Masse in eine ausgefettete Kastenform füllen und im vorgeheizten Backofen bakken.

Elektroherd 200–220 Grad
Gasherd Stufe 3–4
Backzeit ca. 50 Minuten
Einschubhöhe 2. Sch. von unten

Den Kuchen nach dem Abkühlen mit Apfelsinensaft beträufeln.

Diabetiker: Rezept anstelle mit Honig mit 160 g Fruchtzucker zubereiten. Pro Stück müssen $2^{1}/_2$ BE oder 30 g KH angerechnet werden.

BERLINER WEIHNACHTSKUCHEN

ca. 16 Stücke

3 Eier

100 g Honig

100 g Apfelkraut

1 Likörglas Rum

1 Msp. Nelken, gemahlen

1 EL Zimt

100 g geriebene Schokolade

250 g Vollkornweizenmehl

1/2 Pck. Backpulver

100 g gehackte Mandeln

50 g Zitronat

Die Eier schaumig rühren, den Honig langsam einrühren, bis eine cremige Masse entstanden ist. Apfelkraut, Rum, die Gewürze, die Schokolade, das mit Backpulver vermischte Mehl, Mandeln und Zitronat zugeben und verrühren.
Den Teig in eine gefettete Kastenform füllen und im vorgeheizten Backofen backen.

Elektroherd 200–220 Grad
Gasherd Stufe 3–4
Backzeit ca. 45 Minuten
Einschubhöhe 2. Sch. von unten

FRÜCHTE-KUCHEN ZUM ADVENT

ca. 16 Stücke

4 Eier

4 EL Honig

1 Msp. Vanille

1 TL Zimt

1 Msp. Nelken

150 g ganze Haselnüsse

250 g getrocknete Feigen

150 g Weinbeeren

100 g Zitronat, gewürfelt

50 g Orangeat, gewürfelt

175 g Weizenvollkornmehl, sehr fein gemahlen

1 gehäufter TL Weinsteinbackpulver

evtl. ca. 100 g Mandeln, halbiert

Aus Eiern, Honig, Vanille und den Gewürzen eine Schaummasse rühren (es entsteht eine dickliche zähe Creme).
Die Haselnüsse und die in Würfel geschnittenen Feigen, die Weinbeeren, das Zitronat und Orangeat zugeben.
Das Mehl mit dem Backpulver vermischen und gut mit der Masse verarbeiten. In eine gefettete Springform füllen, die Oberfläche glattstreichen und evtl. mit den halbierten Mandeln sehr eng belegen. Im vorgeheizten Backofen backen. Falls der Teig zu braun wird, mit Alufolie abdecken.

Elektroherd 175 Grad
Gasherd Stufe 2
Backzeit ca. 60 bis 70 Minuten
Einschubhöhe 2. Sch. von unten

Tip: Der Kuchen entfaltet sein volles Aroma erst nach einigen Tagen und kann deshalb gut vorgebacken werden.

KRÜMELTORTE
ca. 16 Stücke

220 g ungehärtete Pflanzenmargarine oder Butter

200 g Honig

2 Eier

abgeriebene Schale von 1 Zitrone (unbehandelt)

400 g Weizenvollkornmehl

1/2 Pck. Backpulver

1 Glas entsteinte Pflaumen oder

700 g frische Pflaumen, leicht vorgedünstet

150 g gemahlene Mandeln

Zum Bestreuen: 2 Pck. Vanillezucker

Die Margarine schaumig rühren, Honig zugeben sowie die Eier und die Zitronenschale. Mehl mit Backpulver vermischen und einen Teil davon unterrühren. Den Rest darüberstreuen und mit den Fingern zu Krümeln verarbeiten. Einen Teil des Teiges in eine gefettete Springform drücken, so daß ein Boden entsteht. Die Pflaumen ohne Saft auf dem Boden verteilen. Den restlichen Teig mit den Mandeln mischen und mit der Hand auf die Pflaumen krümeln. Die Torte im vorgeheizten Backofen backen.

Elektroherd 200 Grad
Gasherd Stufe 3
Backzeit ca. 50 bis 60 Minuten
Einschubhöhe 2. Sch. von unten

Den Kuchen mit Vanillezucker bestreuen.

Diabetiker: Die Torte mit 180 g Fruchtzucker zubereiten.
Ungesüßte Pflaumen verwenden, die mit 1–2 EL Fruchtzucker gesüßt werden.
1 Stück = ca. 2 1/2 BE oder 30 g KH.

BANANENKUCHEN
ca. 16–20 Stücke

80 g ungehärtete Pflanzenmargarine

2 EL Rübensirup

50 g gemahlene Walnüsse

100 g Kokosraspel

250 g zerdrückte Bananen

1 Pck. Vanillezucker

1 Prise Muskat

1/2 TL Meersalz

1 Ei

250 g Weizenvollkornmehl

2 TL Backpulver

Zum Bestreuen:

100 g Kokosraspel, vermischt mit gemahlenen Walnüssen

Pflanzenmargarine und Sirup in einer Schüssel schaumig rühren. Die gemahlenen Walnüsse, Kokosraspel und zerdrückten Bananen unterrühren. Die Gewürze und das Ei sowie das mit Backpulver vermischte Weizenvollkornmehl zugeben und alles zu einem glatten Teig verrühren. Den Teig in eine gefettete Kastenform füllen und im vorgeheizten Backofen backen. Die Stäbchenprobe machen!

Elektroherd 175–200 Grad
Gasherd Stufe 2–3
Backzeit ca. 50–60 Minuten
Einschubhöhe mittlere Schiene

Den Kuchen kurz in der Form ruhen lassen. Dann stürzen und mit dem Kokosraspel-Nuß-Gemisch bestreuen.
Variante: In den Teig statt Kokosraspel je 50 g Rosinen und gehackte Feigen geben.

Bananenkuchen, Rezept siehe oben ▷

KOKOSNUSS-ORANGEN-TORTE **ca. 16 Stücke**

200 g Weizenvollkornmehl

1 Msp. Weinsteinbackpulver

1 Prise Salz, 100 g Butter

etwas kaltes Wasser

Füllung:

120 g Butter

100 g Honig oder Ahornsirup

1 Pck. Vanillezucker, 1 Prise Salz

1 Ei, 3 Eigelbe

1/2 Glas Orangensaft

etwas abgeriebene Orangenschale

etwas Orangenlikör, 250 g Kokosraspel

Glasur:

3 Eiklar, etwas Zitronensaft

2 EL Honig oder Ahornsirup

Das mit Backpulver vermischte Mehl, Salz, gewürfelte Butter und kaltes Wasser schnell miteinander verkneten.
Eine Springform damit auslegen, einen Rand drücken und den Teig einige Zeit im Kühlschrank aufbewahren. Dann im vorgeheizten Backofen kurz vorbacken.

> Elektroherd 220 Grad
> Gasherd Stufe 4
> Backzeit ca. 10 Minuten
> Einschubhöhe 2. Sch. von unten

Während der Teig ruht, die Füllung vorbereiten: Die Butter schaumig rühren, nach und nach Honig, Vanillezucker, Salz, Ei, Eigelbe, Orangensaft, Orangenschale, Orangenlikör und die Kokosraspel einrühren. Die Masse auf dem vorgebackenen Teig verteilen. Zuerst bei 200 Grad 10 Minuten backen, dann den Herd auf 180 Grad zurückschalten und 20 Minuten backen.

> Elektroherd 10 Minuten 200 Grad,
> dann 20 Minuten 180 Grad
> Gasherd Stufe 2–3
> Einschubhöhe 2. Sch. von unten

Den Kuchen abkühlen lassen, zwischenzeitlich die Glasur vorbereiten: Eiklar steifschlagen, Zitronensaft und Honig langsam zugeben. Die Masse auf dem Kuchen verteilen. Mit der Spritztüte oder einer Gabel verzieren. Im vorgeheizten Backofen nochmals überbacken.

> Elektroherd 160 Grad
> Gasherd Stufe 1–2
> Backzeit 10 Minuten
> Einschubhöhe 2. Sch. von unten

TORTENBODEN OHNE EIER

100 g Honig, 150 g Butter

50 g feingeriebene Haselnüsse

200 g feingemahlenes Dinkelmehl

Honig mit der Butter cremig rühren. Die Nüsse und das Mehl zugeben. Den Teig in eine gut ausgefettete Tortenbodenform füllen, glattstreichen und im vorgeheizten Backofen goldgelb backen.

> Elektroherd 175 Grad
> Gasherd Stufe 2
> Backzeit ca. 25 Minuten
> Einschubhöhe 2. Sch. von unten

Nuss-Möhren-Torte (Rüblitorte)

ca. 12–16 Stücke

100 g Honig
5 Eier, getrennt
1–2 EL Kirschwasser
250–300 g Möhren
250 g Haselnüsse, leicht angeröstet
80 g Weizenvollkornmehl oder Buchweizenmehl
Saft von 1 Zitrone
Zum Garnieren: 150 g Schlagsahne
evtl. Zimt

Honig mit Eigelb und Kirschwasser schaumig rühren. Die fein, aber nicht musig geriebenen Möhren abwechselnd mit den angerösteten und feingemahlenen Haselnüssen und dem Mehl zugeben. Den steifen Eischnee unterziehen und die Masse in eine ausgefettete Springform (24–26 cm) füllen.
Im vorgeheizten Backofen backen.

Elektroherd 175–200 Grad
Gasherd Stufe 2–3
Backzeit ca. 45 Minuten
Einschubhöhe 2. Sch. von unten

Den Kuchen etwas abkühlen lassen, mit einem Hölzchen tiefe Löcher einstechen und den Zitronensaft langsam hineingießen. Mit Zimtschlagsahne verzieren.

Walnuss-Mokka-Torte

ca. 12 Stücke

250 g Walnußkerne
100 g Mokkaschokolade
4–5 Eier
60–80 g weiche Butter
3 EL flüssiger Honig
1 EL Pulverkaffee
$1/4$ TL gemahlene Vanille
1 gehäufter TL Backpulver
75 g Weizenvollkornmehl
Zum Bestreichen: $1/8$ l steifgeschlagene Sahne
12 ganze Walnüsse zur Garnitur

Die Walnüsse und die Schokolade fein reiben. Die Eier trennen. Die Eiklare steif schlagen, die Butter schaumig rühren, die Eigelbe, den Honig und den Pulverkaffee zugeben, dann abwechselnd die Nüsse mit der Schokolade, die Vanille, das Backpulver und das Mehl. Den Eischnee unterheben. Den Teig in eine mit Backpapier ausgelegte Springform füllen und im vorgeheizten Backofen backen.

Elektroherd 180–200 Grad
Gasherd Stufe 2–3
Backzeit ca. 50 Minuten
Einschubhöhe: mittlere Schiene

Die Torte abkühlen lassen, mit Schlagsahne bestreichen und mit Walnußkernen garnieren.

Tip: Die Torte kann auch einmal durchgeschnitten werden und der Boden ebenfalls mit Schlagsahne bestrichen werden. Sie benötigen dann $1/4$ l Sahne.

Kuchen aus Quark-Öl-Teig

Quark-Öl-Teig
Grundrezept, süß

---
150 g Quark/Topfen (20% F.)

2–3 EL Milch

4–5 EL Pflanzenöl

2–3 EL Honig

---
1 Ei

---
300 g Weizenvollkornmehl

---
1 Pck. Weinsteinbackpulver

Quark mit Milch, Öl, Honig und Ei glattrühren. Das mit Backpulver vermischte Mehl einrühren und mit der Hand weiterkneten, bis der Teig geschmeidig ist – aber nicht mehr klebt. Anschließend eine Stunde im Kühlschrank aufbewahren.
Dann auswellen, ein großes rechteckiges Backblech damit belegen und je nach Belag weiterverarbeiten.
Der Teig eignet sich besonders gut für Obstkuchen und Kleingebäck, aber auch für Stollen und Kränze.

Obstkuchenguss

200–250 ml Fruchtsaft

---
evtl. etwas Vanille und Zitronensaft

---
5 g Agar-Agar oder Johannisbrotkernmehl (Biobin - Reformhaus)

Agar-Agar mit etwas Saft anrühren, den Restsaft wärmen, jedoch nicht kochen, das Agar-Agar zugeben und gut verrühren. Vorsichtig über den Kuchen ziehen.
Johannisbrotkernmehl kann in kalte Speisen eingerührt werden.

Kirschkuchen mit Rahmguss
ca. 12 Stücke

Quark-Öl-Teig nach Grundrezept (siehe nebenstehend) herstellen und ein gefettetes Backblech damit belegen.

Belag:

1,5 kg Süßkirschen, entsteint

---
100 g leicht angeröstete grob gehackte Nüsse

Guß:

$1/4$ l süße Sahne (30% F.)

---
3 Eier

---
1 TL Stärkepuder

---
3 EL Honig

Die Nüsse auf dem ausgewellten Teig verteilen, darauf die entsteinten Kirschen legen. Sahne, Eier, Stärkepuder und Honig miteinander verquirlen und über die Kirschen gießen. Den Kuchen im vorgeheizten Backofen backen.

Elektroherd 200–220 Grad
Gasherd Stufe 3–4
Backzeit ca. 35 Minuten
Einschubhöhe 2. Sch. von unten

APRIKOSENKUCHEN   ca. 20 Stücke

Belag:

1,2 kg Aprikosen, gut ausgereift

5 EL Haselnußmus

2–3 EL Aprikosenkonfitüre

Saft von 2 Zitronen

2–3 Eier

3 EL gehackte, leicht geröstete Haselnüsse

Quark-Öl-Teig nach Grundrezept Seite 54 herstellen und ein gefettetes Backblech damit belegen.

Die entsteinten und halbierten Aprikosen auf dem Teig verteilen. Haselnußmus, Aprikosenkonfitüre, Zitronensaft, Eier und Nüsse verquirlen und über die Aprikosen geben.
Im vorgeheizten Backofen backen.

Elektroherd 200–220 Grad
Gasherd 3–4
Backzeit ca. 35 Minuten
Einschubhöhe 2. Sch. von unten

KUCHEN AUS MÜRBETEIG

Die Grundzutaten des Mürbeteiges sind Mehl, Ei, Süßungsmittel, Fett und Geschmackszutaten. Bei Vollkornteigen ist es ratsam, eine kleine Menge Backpulver unter das Mehl zu geben. Etwas mehr Fett macht den Mürbeteig geschmeidiger beim Kneten und mürber nach dem Backen.
Alle Zutaten sollten vor der Verarbeitung kühl sein.

Mürbeteig ist vielseitig zu verwenden. Er eignet sich für Kuchen, Torten, Kleingebäck und Torteletts.
Verfeinern läßt sich der Teig mit Vanille, Rum, abgeriebener Zitronenschale, Kakao, Nüssen oder Mandeln.

Mürbeteig
Grundrezept

Ausreichend für eine Springform, Durchmesser 26 cm oder 6 Obsttorten-Förmchen Durchmesser 10 cm

200 g Weizenvollkornmehl oder Mehl Type 1050
$1/2$ TL Weinsteinbackpulver
1 Ei
1 Eigelb
1 Prise Salz
80 g Honig
150 g kalte Butter

Mehl mit Backpulver vermischt auf ein Backbrett sieben, in die Mitte eine Mulde drücken. Ei, Salz und Honig in die Vertiefung geben, Butterflöckchen auf den Rand setzen. Von außen nach innen mit den Händen schnell einen Teig kneten oder mit der Küchenmaschine auf niedriger Schaltstufe durcharbeiten, dann ca. 30 Minuten kühl stellen.
Den Teig auswellen und eine gefettete Springform damit belegen, den Rand hochdrücken. Im vorgeheizten Backofen eventuell »blind«, d. h. ohne Belag, backen.

> Elektroherd 200–220 Grad
> Gasherd Stufe 3–4
> Backzeit ca. 15–20 Minuten
> Einschubhöhe 2. Sch. von unten

Tip: »Blind«, d. h. ohne Belag gebackene Obsttörtchen (Tortelets), lassen sich einfach und schnell mit frischem Obst nach Jahreszeit belegen. Eine dünne Sahne- oder Creme-Unterlage gibt dem Obst mehr Halt.
Beim Blindbacken behält der Boden besser die Form, wenn man getrocknete Erbsen als Pseudofüllung verwendet.

Birnen-Tarte
ca. 12 Stücke

Teig:

150 g Weizenvollkornmehl
25 g gemahlene Nüsse
125 g kalte Butter
1 EL Honig
1 Ei
1 Prise Meersalz

Belag:

2 große weiche Birnen
2 EL Zitronensaft
2 Eier, getrennt
100 g Crème fraîche
1 EL Honig
25 g gemahlene Nüsse

Aus Mehl, Nüssen, Butterstückchen, Honig, Ei und Meersalz einen Knetteig herstellen. Ca. 30 Minuten kühlstellen. Dann eine gefettete Tarte-Form damit auslegen. Den Teig im vorgeheizten Backofen vorbacken.
Die Birnen schälen, achteln, mit Zitronensaft beträufeln und auf dem Teig verteilen. Eigelb, Crème fraîche, Honig und gemahlene Nüsse cremig rühren. Das geschlagene Eiklar unterheben und die Masse auf den Birnen verteilen. Nochmals in den Backofen geben.

> Elektroherd zuerst 20 Minuten bei 180 Grad, dann 25 Minuten bei 175 Grad
> Gasherd Stufe 2–3
> Einschubhöhe 2. Sch. von unten

APFELKUCHEN – SEHR FEIN   ca. 12 Stücke

Mürbeteig nach Grundrezept Seite 57 zubereiten, auswellen und eine Springform damit auslegen.

Belag:

4–5 mittelgroße Äpfel (Boskop oder Renetten)

Guß:

2 Eier

1–2 EL Honig

1 Prise Naturvanille

100 ml süße Sahne (30% F.)

2 EL Mandelsplitter

Äpfel gut waschen, eventuell mit der Schale achteln und entkernen. Den Teig damit belegen.
Eier mit Honig, Vanille und Sahne verquirlen und über die Äpfel gießen. Mit Mandelsplitter bestreuen.
Im vorgeheizten Backofen goldgelb backen.

Elektroherd 200 Grad
Gasherd Stufe 3
Backzeit ca. 40 Minuten
Einschubhöhe 2. Sch. von unten

LINZER TORTE

ca. 16 Stücke

100 g Honig
125 g Pflanzenmargarine
1 Ei
1 EL Zimt
1 Msp. Nelken
Abrieb von $1/2$ Zitrone (ungespritzt)
2 EL Kirschwasser
125 g geriebene Haselnüsse
4–4 EL Milch
300 g Weizenvollkornmehl
1 TL Backpulver
Zum Bestreichen: 100 g Himbeer- marmelade
1 Eigelb

Aus Honig, Pflanzenmargarine und Ei eine Schaummasse rühren. Die Gewürze, das Kirschwasser und die Haselnüsse zugeben. Zum Schluß Mehl und Backpulver unterkneten.

Den Teig ca. 30 Minuten in den Kühlschrank stellen.

Anschließend mit 2/3 des Teiges eine gefettete Springform auslegen und mit Himbeermarmelade bestreichen. Aus dem restlichen Teig dünne Streifen schneiden, ein Gitter auf den Kuchen legen und mit Eigelb bestreichen.

In den vorgeheizten Backofen geben.

> Elektroherd 200 Grad
> Gasherd Stufe 3
> Backzeit ca. 30 Minuten
> Einschubhöhe 2. Sch. von unten

HONIG-NUSS-ROLLE

ca. 18 Stücke

300 g Weizenvollkornmehl
2 TL Weinsteinbackpulver
80 g Honig
1 Prise Vanillezucker
1–2 Eier
150 g Butter
2–3 EL Wasser

Füllung:

100 g Honig (3–4 EL)
150 g gehackte Haselnüsse
50 g Zitronat, kleingehackt
50 g Korinthen
Zum Bestreichen 1 Eigelb

Mehl, Backpulver, Honig, Vanillezucker, Eier, Butter und 2–3 Eßlöffel Wasser miteinander verkneten. Ca. eine Stunde kalt stellen.

Inzwischen den Honig für die Füllung leicht erwärmen (nicht über 40 Grad).

Den Teig rechteckig zwischen Klarsichtfolie auswellen. (Die Rolle muß nachher in eine Rehrückenform passen.)

Mit Honig bestreichen und mit Nüssen, Zitronat und den Korinthen bestreuen. Mit Hilfe der Folie zusammenrollen und mit der Naht nach unten in eine gefettete Rehrückenform legen. Die Enden gut zusammendrücken, damit der Honig nicht ausläuft. Mit Eigelb bestreichen. In den vorgeheizten Backofen geben.

> Elektroherd 200 Grad
> Gasherd Stufe 3
> Backzeit ca. 40–50 Minuten
> Einschubhöhe 2. Sch. von unten

RHABARBERKUCHEN

ca. 12 Stücke ▷

---

200 g Weizenvollkornmehl

1 TL Backpulver

100 g Butter

100 g Honig

1 Prise Nelken

1 TL Zimt

2 Eigelbe

Belag:

1 kg Rhabarber

Baisermasse:

2 Eiklar

Zitronensaft

100 g Honig

Mehl und Backpulver mit Butter, Honig, Gewürzen und Eigelben verkneten. Eventuell einige Zeit im Kühlschrank aufbewahren. Eine gefettete Springform damit belegen und den Rand etwas hochziehen. Den kleingeschnittenen Rhabarber leicht andünsten, in einem Sieb abkühlen lassen und ohne Flüssigkeit auf dem Teig verteilen. Im vorgeheizten Backofen vorbacken. Den Kuchen herausnehmen und die Baisermasse mit einer Spritztüte auf den vorgebackenen Kuchen spritzen. Nochmals 10 Minuten überbacken. Die Baisermasse muß goldgelb sein.

Baisermasse:
Eiklar mit Zitronensaft steif schlagen, dann den Honig langsam unter ständigem Rühren einfließen lassen.

> Elektroherd zuerst 30 bis 40 Minuten
> 220 Grad; dann 10 Minuten
> Gasherd Stufe 4
> Einschubhöhe 2. Sch. von unten

STACHELBEERKUCHEN

ca. 12 Stücke ▷

---

180 g Weizenvollkornmehl

100 g Butter oder ungehärtete Margarine

2 EL flüssiger Honig

etwas Vanille

1 Ei

Mehl auf ein Backbrett sieben und mit der weichen Butter oder Margarine, Honig, Vanille und Ei zu einem geschmeidigen Teig verarbeiten (eventuell noch 1 bis 2 Eßlöffel Milch zugeben).
Etwas ruhen lassen. Dann auf einer bemehlten Fläche ausrollen und Rand und Boden einer gefetteten Springform damit auslegen.

Belag und Guß:

1 kg Stachelbeeren

3 Eier, getrennt

2–3 EL flüssiger Honig

50 ml süße Sahne (30% Fett)

100 g gemahlene Nüsse

etwas Zimt

Stachelbeeren waschen, einige Minuten andünsten und auf dem ausgewellten Teig verteilen.
Eigelbe mit Honig schaumig rühren, Sahne und die Nüsse zugeben. Den steifgeschlagenen Eischnee unterziehen. Die Masse auf den Stachelbeeren verteilen und den Kuchen in den vorgeheizten Backofen schieben.

> Elektroherd 180–200 Grad
> Gasherd Stufe 2–3
> Backzeit ca. 50 Minuten
> Einschubhöhe 2. Sch. von unten

Biskuitkuchen – leicht und locker

BISKUITBODEN
Grundrezept

Nur aus Mehl, Honig und Eiern, ohne Fett, zubereitet, ist der Biskuit der »Leichte und Lockere« unter den Teigen. Außerdem ist es ein schneller Teig, der leicht zusammenfällt und deshalb schnell gebacken werden muß. Biskuitkuchen aus Vollkorn sind nicht ganz so locker, haben jedoch mehr Biß und sind kräftiger und ausdrucksvoller im Geschmack.

---
3 Eier, getrennt

50–60 g Honig
---
1 Prise Vanillezucker
---
1 Prise Salz
---
2 EL Wasser
---
100 g Weizenvollkornmehl

1/2 TL Backpulver

Aus Eigelben, Honig, Vanillezucker, Salz und Wasser eine Schaummasse rühren. Mehl auf die Schaummasse sieben, die groben Mehlbestandteile evtl. zurückbehalten (dann allerdings etwa 1 Eßlöffel Mehl mehr verwenden) und darauf das inzwischen steifgeschlagene Eiklar geben. Alles vorsichtig miteinander vermischen.
Den Teig in eine mit Pergamentpapier ausgelegte Springform füllen und im vorgeheizten Backofen backen.

Elektroherd 175–200 Grad
Gasherd Stufe 2–3
Backzeit ca. 15 Minuten
Einschubhöhe 2. Sch. von unten

◁ Biskuitrolle mit Himbeersahne, Rezept nebenstehend.

BISKUITROLLE MIT HIMBEERSAHNE
ca. 16 Stücke

Teig:
---
5 Eier
---
50 g Honig
---
1 Prise Meersalz
---
2 EL kaltes Wasser
---
180 g feinstgemahlenes Vollkornmehl

2–3 EL Kakao

Füllung:
---
300 ml Schlagsahne

2–3 Meßbecher Biobin
---
300 g Himbeeren
---
3 EL »Frutilose«

Dekoration:
---
150 ml Schlagsahne
---
100 g Zartbitter-Schokolade, geraspelt

Die Biskuitrolle wie auf Seite 64 beschrieben backen und zusammenrollen.

Füllung:
Die Sahne steifschlagen, Biobin zum Andicken zugeben. Die Himbeeren pürieren, mit Frutilose süßen und vorsichtig mit der Sahne mischen. Falls die Masse zu dünn ist, noch etwas Biobin zugeben.
Den Teig auseinanderrollen und mit der Sahne-Himbeermasse bestreichen. Danach mit Hilfe des Geschirrtuchs wieder vorsichtig zusammenrollen. Die Rolle mit der Nahtstelle nach unten ca. 2 Stunden sehr kühl stellen.
Mit der geschlagenen Sahne bestreichen und mit Schokoraspel bestreuen.

Tip: Anstatt Schokoraspel können auch gehackte Haselnüsse zum Bestreuen verwendet werden.

BISKUITROLLE
ca. 16 Stücke

Grundrezept

6 Eier, getrennt
100 g Honig
$1/2$ TL Vanillezucker
$1/2$ TL Meersalz
4 EL kaltes Wasser
200 g Weizenvollkornmehl
1 TL Backpulver

Aus Eigelben, Honig, Vanillezucker, Salz und Wasser eine Schaummasse rühren. Mehl auf die Schaummasse sieben (das Mehl sollte sehr fein gemahlen sein) und darauf das steifgeschlagene Eiklar geben. Alles vorsichtig miteinander vermischen. Den Teig auf einem mit Back- oder Trennpapier ausgelegten Backblech verteilen. Im vorgeheizten Backofen backen.

Elektroherd 175–200 Grad
Gasherd Stufe 2–3
Backzeit ca. 20 Minuten
Einschubhöhe 2. Sch. von unten

Die Teigplatte nach dem Backen sofort auf ein feuchtes Küchentuch stürzen. Das Papier abziehen und den Biskuit mit dem Tuch zusammenrollen. Wird die Rolle mit Marmelade gefüllt, so kann das gleich geschehen, bei Crème- und Sahnefüllungen muß der Biskuit zuerst abkühlen.

Biskuitrolle für Diabetiker
Das Grundrezept mit 150 g Fruchtzucker und Naturvanille zubereiten. Pro Stück müssen 2 BE oder 24 g KH angerechnet werden.
Füllung: Für eine Rolle 250 g Fruchtzucker-Marmelade.

BUCHWEIZEN-TORTE
ca. 12 Stücke ▷

5 Eier, getrennt
100–120 g Honig
2 EL heißes Wasser
etwas abgeriebene Zitronenschale
180 g Buchweizenmehl
$1/4$–$1/2$ l Schlagsahne
1 Glas Preiselbeeren (gesüßt, ohne Saft, 300 g), 2 EL Honig
1 TL Biobin oder Gelatine

Aus Eigelben, Honig, Wasser und abgeriebener Zitronenschale eine Schaummasse herstellen. Eiklar sehr steif schlagen und auf die Masse geben, ebenfalls das sehr fein gemahlene Buchweizenmehl. Alles vorsichtig miteinander vermengen. Die Masse in eine ausgelegte (Backtrennpapier) Springform geben und im vorgeheizten Backofen backen.

Elektroherd 180 Grad
Gasherd Stufe 2
Backzeit ca. 20–30 Minuten
Einschubhöhe 2. Sch. von unten

Den Boden abkühlen lassen und vorsichtig horizontal auseinanderschneiden. Die Sahne steifschlagen (einen Teil für die Garnitur zurückbehalten), mit den abgetropften Preiselbeeren und Honig vermischen und mit Biobin oder angerührter Gelatine andicken. Die Preiselbeersahne ca. eine Stunde im Kühlschrank kühlen, dann auf den unteren Boden streichen. Mit dem zweiten Boden abdecken und mit Sahne bestreichen.
Diabetiker: Den Boden mit 100 g Fruchtzucker, $1/4$ l Sahne, 125 g Quark, verrührt mit etwas Milch, herstellen. Ungesüßte Preiselbeeren verwenden und mit 50 g Fruchtzucker süßen.
Pro Stück müssen 2 BE oder 24 g KH angerechnet werden.

HIMBEERKUCHEN
ca. 12 Stücke

3 Eier, getrennt
80 g Honig
1 Prise Salz
1 Likörglas Rum
1 EL Wasser
50 g Weizenvollkornmehl
1 TL Weinsteinbackpulver
30 g Stärkemehl

Belag:

2 EL Himbeermarmelade
500 g frische Himbeeren
1/4 l Sahne
1 EL Honig

Aus Eigelb, Honig, Vanillezucker, Salz, Rum und Wasser eine Schaummasse rühren, Eiweiß steif schlagen. Das Mehl, Weinsteinbackpulver und das Stärkemehl auf die Schaummasse geben und darauf den Eischnee. Alles vorsichtig unterheben.
Teig in eine mit Pergamentpapier ausgelegte Springform füllen und im vorgeheizten Backofen backen.

> Elektroherd 175–200 Grad
> Gasherd Stufe 2–3
> Backzeit ca. 10 Minuten
> Einschubhöhe 2. Sch. von unten

Das Pergamentpapier vorsichtig lösen und den Teig abkühlen lassen.
Den Tortenboden mit Himbeermarmelade bestreichen. Die vorbereiteten und gewaschenen Himbeeren darauf verteilen. Sahne steifschlagen, süßen und auf den Himbeeren verteilen. Mit einigen Früchten garnieren.

KIWITORTE
ca. 16 Stücke

3 Eier, getrennt
60 g Honig
1 Pck. Vanillezucker
1 Prise Salz
4 EL Wasser
80 g Weizenvollkornmehl, sehr fein
2 EL Stärkemehl
1/2 TL Backpulver
50 g geriebene Haselnüsse
1/8 l Sahne, 4–5 Kiwifrüchte

Aus Eigelb, Honig, Vanillezucker, Salz und Wasser eine Schaummasse rühren. Weizenvollkornmehl, Backpulver, Stärkemehl und die geriebenen Nüsse auf die Schaummasse geben und darauf das inzwischen steifgeschlagene Eiklar geben. Alles vorsichtig miteinander vermischen. Den Teig in eine mit Pergamentpapier ausgelegte Springform füllen und im vorgeheizten Backofen backen.

> Elektroherd 175–200 Grad
> Gasherd Stufe 2–3
> Backzeit ca. 10–15 Minuten
> Einschubhöhe 2. Sch. von unten

Diabetiker: Den Biskuitboden mit 60 g Fruchtzucker und Naturvanille zubereiten. Pro Stück muß 1 BE oder 12 g KH angerechnet werden.

Kiwitorte, Rezept siehe oben ▷

KLEINGEBÄCK

SCHNELLES TEEGEBÄCK   **ca. 40 Plätzchen**

3 Eier
2–3 EL Honig
abgeriebene Schale einer unbehandelten Zitrone
150 g Weizenvollkornmehl
je 1/2 TL Naturvanille und Weinsteinbackpulver
Zum Bestreuen: 2 EL Mandelsplitter

Eier mit Honig schaumig rühren. Zitronenschale, Mehl, Backpulver und Vanille zugeben und unterheben.

Mit einem Teelöffel kleine Häufchen auf ein mit Backpapier ausgelegtes Backblech setzen, dünn mit Mandelsplitter bestreuen. Im vorgeheizten Backofen backen.

> Elektroherd 180–200 Grad
> Gasherd Stufe 3
> Backzeit 10–15 Minuten
> Einschubhöhe 2. Sch. von unten

Diabetiker: Honig gegen Fruchtzucker (2–3 EL) austauschen.
2–3 Plätzchen = 1 BE oder 12 g KH.

VOLLKORN-
WINDBEUTEL

12 Windbeutel

300 ml Wasser
100 g Butter oder ungehärtete Pflanzen-margarine
225 g Weizenvollkornmehl
1/2 TL Meersalz
3–4 Eier, 1–2 EL Honig

Quark-Preiselbeerfüllung

250 g Quark/Topfen, (40 % Fett)
1 Glas Preiselbeeren (ca. 400 g)
etwas Vanille, 1 EL Honig
125 ml Schlagsahne
1/3 TL Johannisbrotkernmehl

Wasser mit der Butter in einem Topf zum Kochen bringen. Das Mehl hineinschütten und unter starkem Rühren (evtl. Handrührer) so lange kochen lassen, bis sich ein Kloß gebildet hat, der sich vom Topfboden löst (es bleibt nur ein weißgelblicher Rand). Den Teigkloß zum Abkühlen in eine Schüssel geben. Eier und Honig gut einkneten. Mit zwei Teelöffeln oder mit der Spritztüte ca. zwölf kleine Häufchen auf ein gefettetes Backbleck setzen. Im vorgeheizten Backofen backen.

> Elektroherd 200–220 Grad
> Gasherd Stufe 3–4
> Backzeit ca. 15–20 Minuten
> Einschubhöhe 2. Sch. von unten

Nach dem Erkalten auseinanderschneiden und das Teiginnere entfernen.
Quark-Preiselbeerfüllung: Quark mit den übrigen Zutaten vermischen und mit der Spritztüte in die Windbeutel füllen.

GEFÜLLTE
BLÄTTERTEIGTASCHEN

ca. 10 Taschen

Zutaten:

1 Paket TK-Blätterteig mit Vollkorn
1 Eigelb

Pilzfüllung:

2 große Zwiebeln
500–700 g Champignons
20 g Pflanzenöl, 1 Schuß Weißwein
Pfeffer, Salz
3 Bund Petersilie, gehackt
3 EL geriebener Käse (Gouda)

Den Blätterteig auftauen, dünn auswellen und Kreise ausstechen – Durchmesser ca. 11 cm. Die Zwiebeln und die gewaschenen Champignons kleinschneiden, in heißem Öl kurz anbraten. Den Wein zugeben und einkochen lassen. Mit Pfeffer, Salz, Petersilie und Käse abschmecken. Je einen Löffel Champignonmasse in die Mitte geben und die Kreise zusammenklappen. Den Rand festdrücken und mit Eigelb bestreichen. Auf einem befeuchteten Blech im vorgeheizten Backofen backen.

> Elektroherd ca. 3 Minuten 250 Grad,
> dann 200 Grad
> Gasherd Stufe 5, dann Stufe 3
> Backzeit ca. 20 Minuten
> Einschubhöhe 2. Sch. von unten

Variante: Die Blätterteigtaschen wie oben zubereiten, jedoch mit folgender

Käsefüllung:

200 g Emmentalerwürfel, 1 Eigelb
2 Bund Schnittlauch, gehackt
Pfeffer, Salz, Paprika

ADVENTS- UND WEIHNACHTSGEBÄCK

Zu den liebgewordenen Traditionen gehört auch, das Gebäck für die Advents- und Weihnachtszeit selbst herzustellen. Wenn Düfte von Honig, Schokolade, Gewürzen und Trockenfrüchten durch die Räume ziehen, wissen Klein und Groß, daß die Festtage näherrücken.

Die nachfolgenden Rezepte – alle mit Vollkornmehl und natürlichen Süßungsmitteln – habe ich aus der großen Zahl der bekannten und beliebten Rezepte für Sie ausgewählt.

Eine echte Alternative zu herkömmlichem Konfekt ist Konfekt aus Trockenfrüchten. Es schmeckt auch Kindern – und außerdem eignet es sich sehr gut zum Verschenken.

TIPS, SPEZIELL FÜR DAS ADVENTS- UND WEIHNACHTSGEBÄCK

o Bleche vor dem Backen vorbereiten: Für manche Rezepturen müssen sie kalt sein, damit das Gebäck nicht zerläuft. Praktisch, wenn die Bleche nicht ausreichen, ist Backtrennpapier, welches belegt werden kann und dann auf das Blech geschoben wird (läßt sich vier- bis fünfmal verwenden).

o Schwer ausrollbare Teige in nicht zu großen Portionen zwischen Klarsicht- oder Alufolie legen und dann auf der Folie ausrollen.

o Backoblaten verhindern, daß flüssige Teige auseinanderlaufen. Es gibt sie auch als Vollwert-Oblaten.

o Wenn Sie einen Heißluftherd besitzen, dessen Betrieb sich besonders bei Kleingebäck auszahlt, da immer mehrere Bleche zugleich gebacken werden können (Energieersparnis), sollten Sie sich genau nach den Angaben des Herstellers richten. Die Temperaturen sind niedriger, die Backzeit zum Teil kürzer. Daher empfiehlt es sich, öfter in den Backofen zu sehen.

o Kuvertüre zum Überziehen von Plätzchen und Kuchen darf nicht zu heiß sein (mit dem Fingerknöchel prüfen). Unter das zu überziehende Gebäck Pergamentpapier legen – so läßt sich die abtropfende Kuvertüre noch einmal verwenden.

Advents- und Weihnachtsgebäck wird meist nicht gleich gegessen. Damit auch beim längeren Lagern die Qualität nicht leidet, ein paar Lagertips:

o Wenn das Gebäck aus dem Ofen kommt, immer zuerst auf einem Kuchengitter auskühlen lassen, damit sich die Struktur des Gebäckes festigen kann.

o Möglichst nur jeweils eine Sorte Plätzchen in eine Dose geben und die Lagen durch ein Pergamentpapier trennen.

o Stark gewürztes Gebäck wie Lebkuchen, Printen, Stollen und ähnliches braucht mehrere Tage, bis sich das Aroma voll entwickelt hat, deshalb rechtzeitig backen.

o Fetthaltiges Gebäck nicht allzu lange aufbewahren.

Haselnußplätzchen, Seite 76, ▷
Sesam-Makronen, Seite 75, Früchtekuchen zum Advent, Seite 49.

VOLLKORNPRINTEN
ca. 50 Stück

250 g brauner Sirup
etwas Wasser
100 g Rohrzucker
350 g Weizenvollkornmehl
1 TL Zimt, gemahlen
1/2 TL Ingwer, gemahlen
je 1/4 TL gemahlene Nelken, Koriander, Piment
1 Tropfen Anisöl (Apotheke)
40 Orangeat
10 g Pottasche
2 EL Rosenwasser (Apotheke)
Zum Ausrollen: Mehl
Zum Bestreichen: 1/2 Tasse Milch

Sirup mit 4 Eßlöffeln Wasser aufkochen, dann den Zucker zugeben. Wenn sich der Zucker aufgelöst hat, erkalten lassen. Ab und zu umrühren.

Mehl, Zimt sowie alle anderen Gewürze und feingewürfeltes Orangeat unterrühren. Pottasche in Rosenwasser auflösen und unter den Teig kneten. Den Teig zugedeckt zwei bis drei Tage bei Zimmertemperatur stehenlassen.

Nochmals durchkneten, auf etwas Mehl dünn ausrollen, Rauten von etwa 8 mal 3 cm Größe ausschneiden und mit Milch bestreichen. Die Printen auf ein mit Backtrennpapier ausgelegtes Blech legen und backen.

Elektroherd 175 Grad
Gasherd Stufe 2
Backzeit ca. 20 Minuten
Einschubhöhe 2. Sch. von unten

LEBKUCHEN
ca. 40 Stück

3 Eier
50 g Butter
150 g Honig
abgeriebene Schale einer Orange (unbehandelt)
1/2 Tasse starker Kaffee
1/2 Tasse Milch
300 g Weizenvollkornmehl
1 Pck. Backpulver
1/2 TL Zimt
1/4 TL Piment, gemahlen und zerstoßen
1 Prise Nelken
1 Prise Meersalz
100 g kleingewürfeltes Orangeat
100 g kleingewürfeltes Zitronat
Zum Belegen: 1 Tasse ganze Mandeln

Eier trennen, Eigelbe, Butter und Honig cremig rühren. Die übrigen Zutaten zugeben und zum Schluß das steifgeschlagene Eiweiß unterheben. Die Masse auf einem tiefen Backblech ausstreichen und mit Mandelkernen belegen. Im vorgeheizten Backofen hellbraun backen.

Elektroherd 180 Grad
Gasherd Stufe 2
Backzeit ca. 40 Minuten
Einschubhöhe 2. Sch. von unten

Nach dem Erkalten mit einem in Öl getauchten Messer in Rechtecke oder Rauten schneiden.

NÜRNBERGER LEBKUCHEN   ca. 35 Stück

3–4 Eier (je nach Größe)
150 g Honig, 1 Pck. Vanillezucker
75 g gehacktes Zitronat
1–2 Tropfen Backöl Zitrone
je 1 Msp. gem. Nelken, Piment und Kardamom, 1 TL Zimt
200 g geriebene Mandeln (oder Nüsse)
250 g Weizenvollkornmehl
1/2 gestr. TL Weinsteinbackpulver
kleine Oblaten

Die Eier mit Honig und Vanillezucker zu einer dicklichen Masse rühren, Zitronat, Gewürze und Mandeln hinzugeben. Zuletzt das mit Backpulver vermischte Mehl unterrühren. Den Teig etwa fingerdick auf Oblaten streichen (mit einem in kaltes Wasser getauchten Messer) und backen.

Elektroherd 180 Grad
Gasherd Stufe 2–3
Backzeit ca. 20 Minuten
Einschubhöhe 2. Sch. von unten

Die noch warmen Lebkuchen entweder nur mit Zuckerwasser bestreichen oder mit Zitronenglasur überziehen.

Zitronenglasur

30 g Butter
Saft von 1/2 Zitrone (unbehandelt)
abgeriebene Schale einer unbehandelten Zitrone
3 EL Ahornsirup, 1 Msp. Biobin

Die Butter erwärmen, Zitrone und Ahornsirup zugeben und so lange kochen, bis die Masse dicklich wird. Biobin unterrühren und die Masse heiß auf die Lebkuchen streichen. Gut antrocknen lassen.

GEWÜRZGEBÄCK
ca. 40–50 Stück

125 g Rohrzucker
125 g Butter
2 Eier
1 Eiklar
etwas geriebene Muskatnuß
Zimt, Nelken und Zitronenschale
1/2 Tasse Milch
125 g Weizenvollkornmehl
125 g fein geriebene Mandeln
125 g Semmelbrösel
Zum Bestreichen: Eigelb
Zum Belegen: Mandelhälften

Rohrzucker im Mixer zerkleinern, mit Butter und Eiern in einer Schüssel zu einer glatten Masse rühren. Dann die Gewürze hinzugeben. Mehl, Mandeln und Semmelbrösel unterrühren. Rasch davon einen Teig kneten und kühl stellen. Dann vorsichtig 1/2 Zentimeter dick ausrollen. Davon Herzen ausstechen, die Oberfläche mit Eigelb bestreichen und mit je zwei abgezogenen halben Mandeln belegen. In den vorgeheizten Backofen geben.

Elektroherd 200– 220 Grad
Gasherd Stufe 3–4
Backzeit ca. 10 Minuten
Einschubhöhe 2. Sch. von unten

Diabetiker: Rezept ohne Zucker und Brösel, statt dessen mit 100 g Fruchtzucker zubereiten.
Für 1 Plätzchen muß 1/2 BE oder 6 g KH angerechnet werden.

Sesam-Häufchen
ca. 40 Stück

125 g ungehärtete Pflanzenmargarine
150 g Rohzucker
2 kleine Eier
300 g Weizenvollkornmehl
2–3 EL Milch
80–100 g Rosinen
100 g Sesamsamen
1 Msp. gemahlene Muskatnuß

Aus der weichen Pflanzenmargarine, Zucker und den Eiern eine Schaummasse herstellen. Weizenvollkornmehl und die Milch einrühren und alle übrigen Zutaten unterheben. Den Teig ca. eine Stunde kalt stellen.
Mit Hilfe von zwei Teelöffeln kleine Häufchen auf ein gefettetes Backblech setzen und die Sesam-Makronen im vorgeheizten Backofen backen.

> Elektroherd 200 Grad
> Gasherd Stufe 3
> Backzeit ca. 10–15 Minuten
> Einschubhöhe 2. Sch. von unten

Sesam-Herzen
ca. 40 Stück

125 g Sesam
200 g Weizenvollkornmehl
1 TL Zimt
1 Msp. Nelkenpulver
1 Msp. Vanillemark
125 g Honig
1 Ei
150 g Butter oder ungehärtete Pflanzenmargarine
Zum Bestreichen: 1 Einklar
Zum Belegen: Mandelhälften

Sesam ohne Fett in der Pfanne goldgelb rösten und abkühlen lassen.
Mehl, Zimt, Nelken und Vanille mischen und auf ein Backbrett geben. Honig darübergießen, Ei zugeben und Butter oder Margarine in Flöckchen darauf verteilen. Alles zu einem glatten Teig verkneten und ca. eine Stunde kaltstellen.
Dann auf einem bemehlten Backbrett ca. $1/2$ cm dick ausrollen und Herzen ausstechen. Mit Eiklar bestreichen und jeweils eine halbe Mandel in die Mitte drücken.
Im vorgeheizten Backofen backen.

> Elektroherd 200 Grad
> Gasherd Stufe 3
> Backzeit ca. 10 Minuten
> Einschubhöhe 2. Sch. von unten

◁ Sesam-Häufchen, Rezept siehe oben

HAFER-NUSS-MAKRONEN

ca. 40 Stück

150 g Butter oder Pflanzenmargarine
250 g kernige Haferflocken
3 EL Honig
100 g Rohzucker
1 Schuß Rum
2–3 Eier (je nach Größe)
1 Meßlöffel Biobin
1 TL Backpulver
100 g grob gemahlene Haselnüsse

Butter oder Margarine verflüssigen, mit den Haferflocken vermischen und abkühlen lassen. Honig, Zucker, Rum und Eier schaumig schlagen. Das mit Backpulver vermischte Mehl einrühren und mit den Nüssen zu den Haferflocken geben. Alles miteinander vermischen. Mit zwei Teelöffeln kleine Häufchen formen und auf ein gefettetes Backblech setzen. Im vorgeheizten Backofen backen.

Elektroherd 175–200 Grad
Gasherd Stufe 2–3
Backzeit ca. 20 Minuten
Einschubhöhe 2. Sch. von unten

Diabetiker: Rezept mit 100 g Fruchtzucker statt des Honigs und Rohzucker zubereiten.
Für 1 Plätzchen muß 1/2 BE oder 6 g KH angerechnet werden.

HASELNUSSPLÄTZCHEN

ca. 30 Stück

250 g Weizenvollkornmehl
1 gestrichener TL Weinsteinbackpulver
100 g Rohzucker
1 Pck. Vanillezucker
1/2 Tasse Milch
1 Ei
100 g Pflanzenmargarine
200 g gemahlene Haselnüsse
Zum Bestreichen: Milch
Zum Verzieren: ca. 30 Haselnüsse

Weizenmehl und Backpulver auf ein Backbrett sieben, in die Mitte eine Mulde drücken. Rohzucker, Vanillezucker, Ei und Milch hineingeben und zusammen mit den Fettflöckchen und den Haselnüssen schnell zu einem glatten Teig verkneten. Ca. eine Stunde kalt stellen.
Immer nur kleine Mengen Teig auswellen und Plätzchen ausstechen.
Mit Milch bestreichen und mit jeweils einer Haselnuß verzieren.
Im vorgeheizten Backofen backen.

Elektroherd 175–200 Grad
Gasherd Stufe 2–3
Backzeit 10–15 Minuten
Einschubhöhe 2. Sch. von unten

Tip: Gebäck mit Rohzucker ist knusprig, hat mehr Biß und schmeckt leicht nach Karamel.

Kokostaler

ca. 100 Stück

250 g Butter
150 g Honig
1 Prise Salz
2 Eier
1 gestr. TL Weinsteinbackpulver
225 g Weizenvollkornmehl
250 g Kokosraspel

Überzug:

50 g Kokosraspel
250 g halbbittere Kuvertüre

Butter, Honig und Salz mit dem Handrührer schaumig rühren. Die Eier nacheinander unterrühren. Backpulver, Mehl und Kokosraspel in die Eimasse einrühren und alles gut verkneten. Den Teig in Folie einpacken und 1/2 Stunde kühl stellen.

Den Teig kurz durchkneten und dann ca. 5 Rollen à 2–3 cm Durchmesser formen. Die Rollen wieder kühl stellen und nach und nach verarbeiten. Jeweils 1 cm dicke Scheiben abschneiden und auf ein gefettetes Backblech setzen. Im vorgeheizten Backofen knusprig backen.

> Elektroherd 200 Grad
> Gasherd Stufe 3
> Backzeit ca. 10 Minuten
> Einschubhöhe 2. Sch. von unten

Für den Überzug die Kokosraspel ohne Fett kurz anrösten. Die Kuvertüre grob zerkleinern und im Wasserbad schmelzen. Die Taler zur Hälfte in die Kuvertüre eintauchen und mit wenig Kokosraspel bestreuen. Auf einem Kuchengitter abkühlen lassen.

Mandel-Schoko-Plätzchen

ca. 45 Stück

100 g zartbittere Schokolade
3 Eiweiß
170 g Honig
75 g Weizenvollkornmehl
250 g gemahlene Mandeln
1/2 TL Zimt
abgeriebene Schale einer Zitrone (unbehandelt)

Die Schokolade fein zermahlen. Die Eiklar steifschlagen, Honig langsam zugeben und weiterschlagen, bis die Masse glänzt. Mehl, Mandeln, Zimt und Zitronenschale unterheben.

Mit einem Löffel kleine Häufchen auf ein mit Backpapier ausgelegtes kühles Blech geben und sofort backen.

> Elektroherd 200 Grad
> Gasherd Stufe 3
> Backzeit ca. 10–15 Minuten
> Einschubhöhe 2. Sch. von unten

DINKELPLÄTZCHEN
ca. 35 Stück

300 g feingemahlenes Dinkelmehl
2 TL Weinsteinbackpulver
80 g Honig
1 Pck. Vanillezucker
1/4 TL abgeriebene Zitronenschale (unbehandelt)
1 Ei
180 g Butter
Fett und Mehl fürs Blech

Dinkelmehl und Backpulver vermischen und auf ein Backbrett geben. Honig, Vanillezucker, Zitronenschale, das ganze Ei und die Butter zugeben. Alles zu einem glatten Teig verkneten, eine Stunde kalt stellen.
Zum Ausrollen immer nur 1/4 des Teiges nehmen, damit er nicht zu weich wird. Den Teig auf wenig Mehl messerrückendick ausrollen. Plätzchen ausstechen und auf dem gefetteten Blech im vorgeheizten Backofen knusprig backen.

Elektroherd 180 Grad
Gasherd Stufe 2
Backzeit ca. 15 Minuten
Einschubhöhe 2. Sch. von unten

Diabetiker: Rezept mit 60 g Fruchtzucker statt Honig und mit Naturvanille statt Vanillezucker zubereiten.
Für 1 Plätzchen muß 1/2 BE oder 6 g KH angerechnet werden.

INGWERPLÄTZCHEN
ca. 30 Stück

225 g Weizenvollkornmehl
1 TL Weinsteinbackpulver
3 EL Honig (Linde/Akazie)
1 Ei
1 Eiklar
50 g kandierter Ingwer
abgeriebene Schale einer Orange (unbehandelt)
120 g kalte Butter
Zum Bestreichen: 1 Eigelb
Zum Belegen: Pistazien

Mehl und Backpulver mischen, auf ein Backbrett geben und in die Mitte eine Mulde drücken. Honig, Ei, feingeschnittenen Ingwer, Eiklar und Orangenschale hineingeben, auf dem Rand die Butterflöckchen verteilen.
Von außen nach innen alles rasch zu einem geschmeidigen Teig verkneten.
Den Teig in Folie gewickelt ca. 30 bis 60 Minuten kühl stellen.
Dann portionsweise zwischen zwei Folienstücken dünn auswellen und Plätzchen ausstechen. Diese mit Ei bestreichen und mit je einer Pistazie oder Pistaziensplittern verzieren.
Im vorgeheizten Backofen backen.

Elektroherd 180 Grad
Gasherd Stufe 2
Backzeit ca. 15 Minuten
Einschubhöhe 2. Sch. von unten

◁ Ingwerplätzchen, Rezept nebenstehend, Schnelles Teegebäck, Seite 68.

HONIGKEKSE
ca. 35 Stück

200 g Honig, 1 Prise Salz
2 EL kaltgepreßtes Pflanzenöl
2 EL Wasser
2 Eigelbe
1 Msp. gemahlene Nelken
1 TL Zimtpulver
abgeriebene Zitronenschale
250 g Weizenvollkornmehl
3 gestr. TL Weinsteinbackpulver
100 g gemahlene Mandeln
50 g Zitronat
100 g getrocknete Aprikosen

Guß:

125 g Puderzucker, 1–2 Eiklar
fein geschnittene Aprikosenstreifen

Honig mit Salz, Öl und Wasser leicht erwärmen und wieder abkühlen lassen. Eigelbe und Gewürze unterrühren und das Mehl mit dem Backpulver hinzugeben. Die Masse mit Mandeln, gehacktem Zitronat und sehr fein geschnittenen Aprikosen verkneten und ca. 1–1¹/₂ Stunden im Kühlschrank ruhen lassen.
Ca. ¹/₂ Zentimeter dick ausrollen und verschiedene Formen ausstechen.
Im vorgeheizten Backofen backen.

> Elektroherd 180 Grad
> Gasherd Stufe 2
> Backzeit ca. 15–20 Minuten
> Einschubhöhe 2. Sch. von unten

Die Plätzchen mit Guß bestreichen und mit Aprikosenstreifen verzieren.
Oder die Kekse mit lauwarmer Milch bestreichen.

HIRSE-ERDNUSS-PLÄTZCHEN
ca. 30 Stück

150 g ungehärtete Pflanzenmargarine
2 EL Honig
3 Eier
250 g Hirse, fein gemahlen
¹/₂ Pck. Backpulver
120 g Rosinen
150 g gemahlene Erdnüsse
1 Prise Naturvanille
abgeriebene Schale von ¹/₂ Zitrone (unbehandelt)
evtl. etwas Milch
Zum Verzieren: Erdnüsse oder halbierte Mandeln

Die weiche Margarine mit dem Honig und den Eiern schaumig rühren. Das Hirsemehl mit Backpulver vermischen und zusammen mit den Rosinen, den Erdnüssen und den Gewürzen mit der Schaummasse verkneten. Sollte der Teig zu fest sein, noch etwas Milch einarbeiten.
Mit Hilfe von zwei Teelöffeln kleine Häufchen auf ein gefettetes Backblech setzen, je 1 Erdnuß oder halbierte Mandel eindrücken und im vorgeheizten Backofen backen.

> Elektroherd 180 Grad
> Gasherd Stufe 2–3
> Backzeit ca. 12–20 Minuten
> Einschubhöhe 2. Sch. von unten

Hirse-Erdnuß-Plätzchen, Rezept siehe oben,
Aprikosenkugeln, Seite 83. ▷

MANDEL-SCHROTMAKRONEN

ca. 30 Stück

125 g Weizenvollkornmehl
80 g Rohrzucker
etwas Vanillezucker
100 g gehackte Mandeln
etwas Zitronensaft
50 g zerlassene Margarine
2 EL Weizenkeime
2 Eiklar
Oblaten

Schrot ca. 3 Stunden in Milch einweichen und gut ausdrücken.
Mit Zucker, Vanillezucker, Mandeln, Zitronensaft, Margarine und Weizenkeimen mischen. Eiklar zu Schnee schlagen und vorsichtig unterheben. Die Masse 20 Minuten kalt stellen.
Mit Hilfe von zwei Teelöffeln Häufchen formen, diese auf Oblaten setzen und goldgelb backen.

> Elektroherd 150–170 Grad
> Gasherd Stufe 1–2
> Backzeit ca. 15–20 Minuten
> Einschubhöhe 2. Sch. von unten

Diabetiker: Rezept mit 120 g Fruchtzucker statt Zucker zubereiten.
Für 1 Plätzchen muß 1/2 BE oder 6 g KH angerechnet werden.

KNABBERGEBÄCK

ca. 25–30 Stück

150 g Weizenvollkornmehl
100 g weiche Butter oder ungehärtete Pflanzenmargarine
50 g Honig
abgeriebene Schale einer Orange (unbehandelt)
2 Eier
2–3 EL Sahne
50 g grob gehackte Haselnüsse
50 g Sonnenblumenkerne
50 g Mandeln
50 g Walnüsse

Mehl auf ein Backbrett geben. Butterflöckchen, Orangenschale und Honig darauf verteilen und mit den Eiern zu einem geschmeidigen Teig verkneten. Haselnüsse, Sonnenblumenkerne, Mandeln und Walnüsse einarbeiten und den Teig ca. eine Stunde ruhen lassen.
Dann eine Rolle formen, leicht flachdrücken und etwa 1 cm breite Scheiben abschneiden.
Auf Backpapier setzen und im vorgeheizten Backofen backen.

> Elektroherd 180–200 Grad
> Gasherd Stufe 2–3
> Backzeit ca. 15 Minuten
> Einschubhöhe 2. Sch. von unten

Pflaumen-Zimt-Kugeln

ca. 15 Stück

125 g Trockenpflaumen ohne Stein

100 g gehackte Mandeln

2–3 EL Pflaumenmus

je 1 Prise Zimt und Nelken

50 g gemahlene Mandeln

Pflaumen fein schneiden oder durch den Fleischwolf geben. Mit Mandeln, Pflaumenmus und den Gewürzen verkneten. Kugeln formen und in gemahlenen Mandeln wälzen. Trocknen lassen.

Dattelkugeln

ca. 30 Stück

100 g Butter oder ungehärtete Pflanzenmargarine

1–2 Eier

2–3 EL Honig

150 g Haferflocken (mittlere Struktur), in der Pfanne leicht angeröstet (ohne Fett)

250 g Datteln, kleingeschnitten

50 g Zitronat

50 g Mandelstifte

Fett mit Eiern und Honig schaumig rühren. Haferflocken zugeben und die Masse ca. 20 Minuten stehenlassen, dann die übrigen Zutaten einarbeiten, gut vermengen und kleine Kugeln formen. Ca. 30 Min backen.

Elektroherd 150–175 Grad
Gasherd Stufe 2
Backzeit ca. 30–40 Minuten
Einschubhöhe 2. Sch. von unten

Aprikosenkugeln

ca. 20 Stück

150 g getrocknete Aprikosen (ungeschwefelt)

1–2 EL Honig

150 g Kokosraspel

evtl. 1–2 TL Rum

Die Aprikosen im Mixer zerkleinern oder durch den Fleischwolf drehen. Mit Honig vermengen und die Kokosraspel unterkneten. Eventuell mit Rum abschmecken.
Dann kleine Kugeln formen und an der Luft oder im Backofen bei 60 Grad trocknen lassen.
Die Kugeln nicht zu lange aufbewahren.

Marzipan-Dattel-Konfekt

ca. 20 Stück

125 g Marzipanrohmasse

50 g Pistazien

1–2 EL Honig oder Ahornsirup

abgeriebene Orangenschale (unbehandelt)

250 g Datteln

2 EL Kakao oder Schokoladenpulver

Marzipanrohmasse kurz erwärmen (nicht erhitzen) und mit kleingeschnittenen Pistazien, Honig oder Ahornsirup und der Orangenschale vermengen. Datteln einschneiden, entkernen und mit der Marzipanrohmasse füllen. Die Datteln in Kakao oder Schokoladenpulver wenden.

Bezugsquellen

Getreidemühlen

Firma Luba
Postfach 1203
61282 Bad Homburg

Messerschmidt GmbH
August-Heisler-Weg 6
78126 Königsfeld

Jupiter GmbH
Postfach 1380
73603 Schorndorf

Ha Wo's Kornmühlen
Habitzheimer Straße 14
64853 Otzberg-Lengefeld

Informationen

Wenn Sie weitere Informationen für eine gesunde Lebensführung wünschen, empfehlen wir Ihnen folgende **Seminare für gesundes Leben:**

○ Vollwerternährung
○ Naturheilkunde zu Hause
○ Kräuterwanderung
○ Backen mit Vollkornmehl
○ Atmung – Entspannung – Meditation
  u. v. a.

Reformhaus-Fach-Akademie
Postfach 20
61420 Oberursel/TS 4

Rezepte von A bis Z

Rezepte von A bis Z

Rezepte für Diabetiker

FITNESSKÜCHE

H. Pflaum / M. Weber
Vollwertküche für Gourmets
Top-Rezepte ohne Fleisch, Menüs
für jede Jahreszeit. Das Kochbuch
für Anspruchsvolle.
207 S. mit 60 Farbtafeln.

Christina Kleiner-Röhr
Gesunde Genüsse - schnell und fein
Die leichte Küche mit viel Frisch-
kost und Gemüse, wenig Fisch und
Fleisch, ohne Zucker u. Weißmehl.
Über 100 Rezepte, 152 S., 32 Farbt.

Christina Kleiner-Röhr
Vollwertkonfekt
aus Nüssen, Mandeln, Früchten,
Honig: Pralinen, Marzipan, Som-
merkonfekt, Petit Fours.
85 Seiten, 8 Farbtafeln.

Michael Hamm / Marlis Weber
Sporternährung praxisnah
Know-how und Erfolgsrezepte für
mehr Leistung. Ernährungspläne,
Tabellen und Tips für Kraft- und
Ausdauersportler.135 S., 15 Farbt.

Marlis Weber / Isabel Wilden
Lexikon der gesunden Ernährung
Basiswissen zur Gesundheitsküche
von A bis Z mit Grundrezepten, Ta-
bellen und vielen Farbbildern.
Ca. 160 Seiten, ca. 100 Fotos.

Karl Rudolf
**50 Mixdrinks ohne Alkohol
Fitnessdrinks**
2mal farbenfrohes Mixvergnügen.
Jedes Getränk mit farbiger Abbil-
dung. Jeder Band 63 S. mit über
50 Farbfotos.

Lisa Mar
Gesund mit Reis
Entgiftungskuren mit köstlichen
Reisgerichten. 83 Rezepte mit ge-
nauen Nährwertberechnungen.
80 Seiten.

Hädecke Verlag

Postfach 1203
Telefon 07033 / 2264
71256 Weil der Stadt

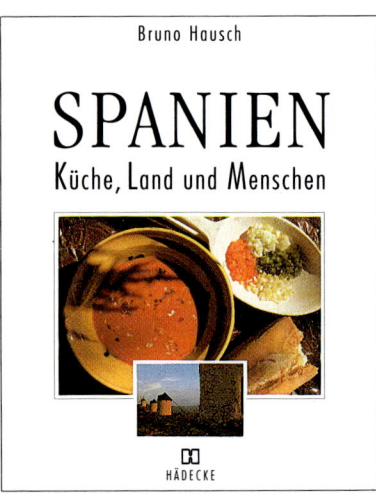

Bruno Hausch

SPANIEN
Küche, Land und Menschen

HÄDECKE

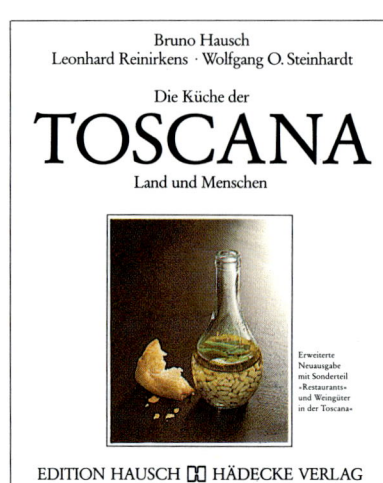

Bruno Hausch
Leonhard Reinirkens · Wolfgang O. Steinhardt

Die Küche der

TOSCANA
Land und Menschen

Erweiterte
Neuausgabe
mit Sonderteil
»Restaurants-
und Weingüter
in der Toscana«

EDITION HAUSCH ☐☐ HÄDECKE VERLAG

Irène de Font-Verger

Die Küche der

PROVENCE
Land und Menschen

fotografiert von Rémi Michel

HÄDECKE

Eine kulinarische Rundreise durch die zwölf klassischen Regionen Spaniens mit ihren typischen Rezepten und Bräuchen mit großartigen Landschafts- und Rezeptfotos.
288 Seiten, 220 Farbfotos.

Authentische Rezepte für typische Regionalgerichte: einfach in der Zubereitung, anspruchsvoll bei den Zutaten, raffiniert in der Wahl der Gewürze. Landschaftsbeschreibung und Kochbuch in einem.
238 Seiten, rund 160 Farbfotos.

Unverfälschte, naturnahe Gerichte, Landschafts- und Portraitaufnahmer sachkundige Beschreibungen der kulinarischen Spezialitäten, Tips für Weingüter und Restaurants und einfach köstliche Rezepte!
218 Seiten mit rund 100 Farbfotos.

EIN HAUCH VON
KNOBLAUCH
ULRICH KOPP

HÄDECKE

KOCHEN FÜR FREUNDE

HANS PETER BLEUEL

ANTIPASTI &
HORS D'ŒUVRES

*Die köstlichsten
Vorspeisen der Welt*

HÄDECKE

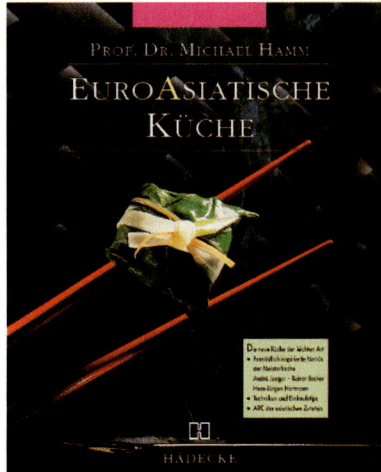

PROF. DR. MICHAEL HAMM

EuroAsiatische
Küche

HÄDECKE

Das schmeckt nach Urlaub und südlicher Sonne: Die schönsten Rezepte mit raffinierter Knoblauchwürze, vielseitig, gesund und meisterhaft fotografiert – ein Genuß schon beim Ansehen!
Ein Bild- und Geschenkkochbuch.
134 Seiten, rund 70 Fotos.

Pikante Köstlichkeiten und Häppchen aus den Urlaubsländern rund ums Mittelmeer, aus nördlichen Regionen, Asien und Amerika – attraktiv für jedes Buffet, für kleine und große Mahlzeiten.
120 Seiten, davon ca. 50 Seiten farbig.

Mehr als nur eine Mode: die asiatisch inspirierte Küche, leicht, subtil und raffiniert, von vier Top-Köchen aus Deutschland und der Schweiz zur höchsten Vollendung gebracht und mit etwas Übung gut zuhause nachzukochen.
151 Seiten, über 50 Fotos.

Hädecke-Bücher sind überall im Fachhandel erhältlich.
Nähere Informationen und ausführliche Prospekte erhalten Sie vom

 **HÄDECKE VERLAG · 71256 WEIL DER STADT**